RECUEIL COMPLET

DES

CHANSONS DE COLLÉ.

RECUEIL COMPLET

DES

CHANSONS

DE COLLÉ.

Hic totus volo rideat libellus,
Nec per circuitus loquatur illam,
Ex qud nascimur, omnium parentem,
Quam sanctus Numa mentulam vocabat.

MARTIAL.

TOME SECOND.

A HAMBOURG,

ET A PARIS,

CHEZ TOUS LES MARCHANDS DE NOUVEAUTÉS.

1807.

CHANSONS

DE COLLÉ.

LES BELLES MANIÈRES

ET LA BONNE FAÇON.

VAUDEVILLE MORAL.

MENER des femmes de nom
A sa petite maison,
Voilà les belles manières;
Mais de fleurs plus printanières,
Dans Paris faire moisson
Chez des beautés roturières,
Voilà la bonne façon.

11.　　　　　　　　　　　　2

Un bourgeois qui sort des rangs,
Et qui vit avec les grands,
Voilà la belle manière ;
Mais rester dans sa chaumière,
Avec Bacchus et Suzon,
Et liberté toute entière,
Voilà la bonne façon.

En femme de qualité,
Chanter avec dignité,
Voilà la belle manière ;
Mais, dans un *duo*, se faire
A bien prendre l'unisson,
Partir sensemble et s'y plaire,
Voilà la bonne façon.

En amour mal débuter,
Être nul et s'en vanter,
Voilà la belle manière ;
Mais joindre dans une affaire,
A la force de Samson,
L'air tendre et le don de plaire,
Voilà la bonne façon.

Vivre ensemble et l'afficher,
Ne point s'aimer, mais coucher,
Voilà la belle manière ;
Mais, d'une ame tendre et fière,
Faire plier la raison,
Aimer, jouir et se taire,
Voilà la bonne façon.

SENTENCES, POINTES, DICTONS

ET

APOZÈMES DE M. GILLES.

VAUDEVILLE DE PARADE.

~~~~~~

AIR : *Des Fraises.*

Parlez d'amour à Médor,
    Au guerrier de blessures,
Au joueur de Matador,
Et parlez aux femmes d'or
            D'ordures.   (*ter.*)

Craignez, Lucas, dit Suzon,
    L'air froid que je vais prendre ;
Et toujours ce polisson
~~~~~~

Lui faisoit reprendre son
           Air tendre.   (*ter.*)

En amour faut-il donc tant,
    Tant raisonner pantoufle ?
Moi, de tout objet tentant,
Autant que j'en trouve, autant
           J'en souffle.   (*ter.*)

Philis par l'esprit se prend,
    L'esprit est sa manie ;
Lorsqu'à Claude elle se rend,
C'est à cause de son grand
           Génie.   (*ter.*)

La comtesse de Crusca
    Me disoit de Ménalque,
Que le jour qu'il l'attaqua,
Il étoit gai comme un ca-
           tafalque.   (*ter.*)

L'on imprime Meursius,
    On l'enrichit d'estampes ;

1 *

L'éditeur fait même plus,
Car il y joint de beaux culs
          De lampes.   (*ter*.

Les critiques délicats
   Ne sont que des jean-fesses ;
De nos jeux s'ils ne font pas
Un grand cas, moi je m'en bats
          Les fesses.   (*ter*.

———

VAUDEVILLE
DE JOCONDE.

AIR: *De la tendresse pour sa maîtresse.*

Avoir nombre de belles
C'est un cas journalier ;
Mais trouver des pucelles,
C'est un cas singulier ;
    C'est une affaire
    Qu'on ne peut faire
Sans être un peu sorcier.

Dans le siècle où les dames
Ne se font pas prier,
Avoir toutes les femmes,
Afin de varier,
    C'est une affaire
    Que l'on peut faire
Sans être un grand sorcier.

Voyant trahir ma flamme,
Moi-même ayant surpris,
Avec ma digne femme,
Le nain qu'elle avoit pris,
   J'ai, dans la France,
   Pris ma vengeance
Sur nombre de maris.

L'Amour en sentinelle
Guette l'instant d'entrer
Au cœur d'une pucelle,
Qu'il fait rire et pleurer;
   Ce petit traître
   Se pique d'être
Plus malin qu'un sorcier.

Dans sa brillante sphère,
Le galant officier,
Qui veut qu'on le préfère
Au riche financier;
   C'est une affaire
   Qu'il ne peut faire
Sans être un peu sorcier.

Chez nos nymphes gentilles
Aller négocier ;
Avoir toutes les filles
Quand on est financier,
    C'est une affaire
    Que l'on peut faire
Sans être un grand sorcier.

J'veux savoir de toi, Blaise,
Ton secret sans l'payer ;
Çà m'feroit-il bien aise ?
Çà va-t-il m'égayer ?
    Est-ce une affaire
    Qu'on puisse faire
Sans être grand sorcier ?

D'main j't'avons, sans remise,
Tout à notre gogo ;
D'main je vons à l'église
Nous marier tout d'go ;
    La bonne affaire
    Qui m'reste à faire
Après le *conjungo*.

VAUDEVILLE

DE L'ACCOUCHEMENT INVISIBLE.

PARADE.

AIR : *De la tendresse pour sa maîtresse.*

GILLES.

A Paris l'on peut faire
Rire tout son quartier ;
Mais faire rire et plaire
Au public tout entier,
C'est une affaire
Qu'on ne peut faire
Sans être un peu sorcier.

LÉANDRE.
Trois complimens, dit Blaise,
N'ont rien de singulier ;

Mais aller jusqu'à seize,
N'étant pas Cordelier,
C'est une affaire
Qu'on ne peut faire
Sans être un peu sorcier.

ZOROANE.

Etre homme dès l'enfance,
Boire au lieu de crier,
Le jour de sa naissance,
Pouvoir se marier,
C'est une affaire
Qu'on ne peut faire
Sans être un peu sorcier.

GILLES.

Cher ami, tu peux faire
Ton avocat cocu ;
La chose n'est pas chère,
L'on m'en a convaincu ;
C'est une affaire
Qui peut se faire
Pour un petit écu.

VAUDEVILLE
DE NICAISE, COMÉDIE.

AIR : *C'est l'ouvrage d'un moment.*

IL est un moment, quand on aime,
Que doit d'abord saisir l'amant;
Il vient et passe promptement,
Mais il ne revient pas de même :
   Amans, brusquez ce moment.

Lorsque le temps que l'Amour donne
N'est pas employé prudemment,
Ce dieu pardonne rarement.
Amans, l'heure du berger sonne,
   Mais ne sonne qu'un moment.

Un époux, en homme modeste,
Doit aller son train doucement;
Ce n'est point le train de l'amant :
L'Hymen a des momens de reste,
   Et l'Amour n'a qu'un moment.

Toujours les sens, dans la jeunesse,
Accompagnent le sentiment ;
Soyez sûrs qu'en les enflammant,
De politesse en politesse,
   L'on amène le moment.

Il ne suffit point de connoître,
Il faut profiter du moment ;
Mais souvént le timide amant
Qui l'aperçoit et le fait naître,
   Laisse passer le moment.

Ton excuse n'est point de mise,
Tendre et trop délicat amant ;
Quelquefois c'est le sentiment,
Mais plussouvent c'est la sottise
   Qui fait manquer le moment.

Quand un vain respect nous arrête,
Avouez-le, sexe charmant,
C'est bien moins l'amour que l'amant
Qui retarde votre défaite ;
   C'est qu'on manque le moment.

2

PARODIE
D'UN AIR D'OPÉRA.

Quoi!
Je te revoi,
Amour, que je hais;
Fuis pour jamais:
A Bacchus,
Amis, rendons les armes.
Chez les Carmes,
Va, fuis, Vénus:
Je suis las de faire des cocus.
Sous ton fade empire,
On soupire,
On se plaint du sort,
On languit, on expire,
Et qu'on soit heureux, l'on s'endort;
Mais Bacchus nous donne à table
Un plaisir inaltérable.
Amour, j'éteins ton flambeau;
Je vais m'enterrer dans mon caveau,
Et mon tonneau
Sera mon tombeau.

CONSEILS IRONIQUES,

AUX CHANSONNIERS D'A PRÉSENT,

SUR LES MOEURS DU TEMPS.

AIR : *Du Port-Mahon.*

CHANSONNIERS, mes confrères,
Le cœur, l'amour, ce sont des chimères ;
Dans vos chansons légères,
Traitez de vieux abus,
De Phébus,
De rebus,
Ces vertus
Qu'on n'a plus.

Tâchez d'historier
Quelque conte ordurier,
Mais avec bienséance :
De mots
Trop gros

L'oreille s'offense ;
Tirez votre indécence
Du fond de vos sujets,
Et de faits
Faux ou vrais,
Scandaleux ,
Mais joyeux.

Les madrigaux sont fades :
L'apprêt
Qu'on met
A ces vers maussades,
Ne vaut pas les boutades
D'un chansonnier sans art
Et sans fard ,
Mais gaillard ,
Indécent ,
Mais plaisant.

Et puis tous ces nigauds
Qui font des madrigaux ,
Supposent à nos dames
Des cœurs ,
Des mœurs ,

Des vertus, des ames,
Et remplissentde flammes
Et de beaux sentimens
    Nos amans
     Presque éteints,
    Ces Pantins
    Libertins.

L'Amour est mort en France;
     C'est un
     Défunt
  Mort de trop d'aisance,
Et c'est la jouissance
Qui succède en ce lieu
    A ce dieu
     Des bourgeois,
    Des Gaulois
    D'autrefois.

Chansonniers de bon sens,
Ne parlez donc qu'aux sens;
Peignez-nous sans scrupule,
    Chantez,
    Vantez

2*

Les talens d'Hercule.
Tournez en ridicule
Ceux qui n'avancent pas
Plus d'un pas,
Ou qui font
Un affront
Au second.

COUPLETS

SUR LA PRISE DU PORT-MAHON.

AIR: *Du Port-Mahon.*

CES braves insulaires
Qui font,
Qui font
Sur mer les corsaires,
Ailleurs ne brillént guères.
Le Port-Mahon est pris,
Il est pris.   (*quater.*)

Ils en sont tout surpris,
Il est pris ;   (*bis.*)
Ces forbans d'Angleterre,
Ces fou... ces fou... ces foudres de guerre,
Sur mer comme sur terre,
Dès qu'ils sont combattus,
Sont battus.   (*quater.*)

Anglais, vos railleries,
Ces traits, ces mots, ces plaisanteries,
Seroient-elles taries ?
Scriez-vous moins plaisant
A présent ?   (*quater.*)

Raillant ou combattant,
L'Anglais vaut tout autant;
Avec les mêmes grâces,
Il rit, il rend, il défend ses places;
Ses bons mots, ses menaces
Ont le même succès
A peu près.   (*quater.*)

Beaux railleurs d'Angleterre,
Nogent, Melun, le coche d'Auxerre (1),
A vos vaisseaux de guerre
Ont, pendant cet été,
Résisté.   (*quater.*)

----

(1) On sait qu'avant la guerre déclarée, les
Anglais en avoient agi avec nous en véritables
corsaires; qu'ils nous avoient pris des vaisseaux,
maltraité nos prisonniers, fait périr de misère nos
matelots ; et qu'enfin, au commencement de cette

Ils les ont écartés ,
Ils les ont maltraités ;
Notre flotte d'eau douce
Vous voit, vous joint, combat, vous repousse,
Et jusqu'au moindre mousse ,
Tout est sur nos bateaux
Des héros.   (*quater.*)

---

guerre , ils donnèrent dans leurs papiers publics ,
l'état de notre marine , où ils mettoient nos co-
ches d'eau , la galiote de Saint-Cloud , le Valvin ,
le coche d'Auxerre , Nogent , Melun , etc., etc.,
et qu'ils insultoient notre nation sur tous leurs
théâtres.

(*Note de Collé.*)

CHANSON.

AɪR : *Ma raison alloit faire naufrage.*

CHANTONS dans un heureux vaudeville
Le retour des vertus qu'on aura ;
Le vieux honneur, à la cour, à la ville,
Les sentimens qu'on trouve de vieux style,
Cela reviendra.

Au barreau reviendra le silence,
La franchise au barreau renaîtra ;
Des avocats l'impayable éloquence,
L'équité des procureurs, l'innocence,
Cela reviendra.

Tout revient, la pudeur, le courage ;
La gaîté, les mœurs, *et cætera ;*
Je sais même une demoiselle sage,
Qui disoit, en perdant son pucelage :
Cela reviendra.

Français, ne perdez pas l'espérance,
Tout va bien, tout encor mieux ira ;
La liberté, le crédit, l'abondance,
La candeur, les jésuites, l'innocence,
Cela reviendra.

PARODIE

D'un récitatif ou air de mouvement d'Hy-
polite et d'Aricie : Sous les drapeaux
de Mars conduit par ma valeur.

Est-ce un crime d'aimer ? sont-ce là des
[noirceurs,
D'avoir séduit chez vous deux jeunes in-
[nocentes ?
Je puis bien baiser vos deux sœurs,
Lorsque vous baisez bien ma mère et mes
[deux tantes.
Je puis bien, etc.

LES VOYAGEURS
DES PAYS-BAS.

AIR : *Chansons, chansons.*

Des marchands que le diable berce,
Vont au Mexique, vont en Perse
            Porter leurs pas :
Amans, sans faire de traverse,
Tenez-vous-en au doux commerce
            Des Pays-Bas.

Ce ne sont point ses draperies,
Son tabac, ni ses broderies
            Dont on fait cas ;
Mais chemise fine et de Frise,
Donne goût pour la marchandise
            Des Pays-Bas.

Je connois un séminariste
Qui ne prend que là sa batiste

Pour ses rabats ;
Il se croit plus adroit qu'un singe,
De ne jamais lever le linge
  Qu'aux Pays-Bas.

Qu'en Espagne et qu'en Italie
L'amour trop jaloux multiplie
  Les cadenas ;
La république de Hollande
Donne une liberté plus grande
  Aux Pays-Bas.

L'on a bientôt là quelque intrigue ;
Fille, avec plaisir, y prodigue
  Tous ses appas ;
Et jamais, après ces délices,
Galant ne s'est plaint des malices
  Des Pays-Bas.

L'esprit seul, sans changer de place,
Voyage, pa, passe, repasse
  Dans cent climats.
Tel est l'amant dans son vieil âge,

Sa mémoire seule voyage
Aux Pays-Bas.

Ceux que le beau sexe, avec joie,
Voit brûler en France, on les noie
Dans les Etats.
L'amour publie, à son de trompe,
Qu'il ne faut pas que l'on se trompe
Aux Pays-Bas.

LES REVENANS,

Vaudeville composé par un Revenant.

~~~~~~~~

Air : *Chansons , chansons.*

Un esprit-fort , dont notre histoire
Nous conservera la mémoire
    Dans tous les temps ,
Aux compagnons de sa victoire ,
Disoit qu'il ne falloit pas croire
    Aux Revenans.

Il s'en souvient , ils s'en souviennent ;
Mais quand des Revenans reviennent
    Après quatre ans ;
Notre apparition notoire
Force d'en revenir à croire
    Aux Revenans.

Grand roi ! ta divine puissance
Evoque les ombres en France :
~~~~~~~~

> Spectres errans,
> Apparoissez, bravez l'envie!
> Louis rend les biens et la vie
>   Aux Revenans.

> Les dieux sont dieux par leur clémence,
> Et c'est à regret qu'on encense
>   Les dieux tonnans :
> Deviens dieu par ta bienfaisance,
> Tu l'es déjà par la présence
>   Des Revenans.

> Sur ces héros patriotiques,
> Et de leurs couronnes civiques,
>   Tout rayonnant,
> Plane le romain Malesherbes,
> L'un des grands et des moins superbes
>   Des Revenans.

> Toi, Miroménil, ombre fière,
> Et du trône et de sa barrière
>   L'un des tenans,
> Avec quel doux transport, chère ombre,

Nous l'avons vu d'abord au nombre
       Des Revenans!

Toi, Revenant, qui fus des nôtres;
Toi, qui fais revenir les autres
       Et le bon temps;
Ministre sans titre et sans gages,
Maurepas, reçois les hommages
       Des Revenans.

Au comble aujourd'hui de la gloire,
Puisses-tu lire notre histoire
       Dans deux cents ans!
Tu t'y verrois, sur ma parole,
Jouant le plus auguste rôle
       Des Revenans.

CLARISSE,

Manière de Romance en manière d'Ironie.

AIR :

Sur Clarisse, notre amie,
On veut qu'ici nous fassions,
En style de Jérémie,
Quelques lamentations :
L'on soutient qu'un bon artiste
Traitant un sujet disert,
Par une romance triste
Peut égayer un dessert.

Son viol et sa démence
Seront les traits les meilleurs
De la très-courte romance
Qui fera couler vos pleurs.

Je n'use pas tant de plumes
Que ce romancier verbeux,
Qui nous mit en sept volumes
Ce qu'il eût pu mettre en deux.

Ce ne sera point en lettres
Que j'écrirai ma chanson ;
Deux bonnes, sur cent de piètres,
Se trouvent dans Richardson ;
Par cette forme, il prolonge
L'ennui qu'il fait essuyer:
Mais doit-on, quand on alonge,
Alonger pour ennuyer ?

Malgré ce vice, on s'attache
A cet Anglais sans pareil ;
C'est une petite tache
Qu'on trouve dans ce soleil ;
C'est un soleil d'Angleterre ;
Ces soleils sont merveilleux;
Et le reste de la terre
N'est éclairé que par eux.

Quand Richardson est obscène,
C'est sans malice et sans dol :
J'aime le lieu de la scène
Où se passe le viol ;
Pour amener sa Lucrèce
A souffrir ce petit jeu,
Le bon homme, sans finesse,
Met la scène en mauvais lieu.

C'est là qu'il fait la peinture
D'objets qui charment les yeux ;
Quel heureux choix de nature!
Que de tableaux gracieux !
Quatre ou cinq vilaines filles,
Un vieux grabat au milieu,
Où leur abbesse, en guenilles,
Expire en blasphémant Dieu.

Estimons moins les Albanes
Du Sopha de Crébillon ;
Les Gilblas, les Mariannes,
Romans dignes du billon.

Dût-on passer pour des crânes,
Et souffrir l'affront léger
D'être traité d'anglomanes,
N'admirons que l'étranger.

Athéniens de l'Europe,
Français, l'on vous ôte tout ;
Du moins l'auteur de Mérope
Vous accorde encor le goût !
Le goût !... bien fou qui s'y fie,
Depuis qu'il est au pouvoir
De l'âpre philosophie,
Qui n'en est que l'éteignoir.

Philosophes à la glace,
Je sens, en parlant de vous,
Que ma langue s'embarrasse,
Que le froid nous saisit tous...
J'en reste à cette préface ;
Ces dames trouveront bon
Qu'un autre que moi leur fasse
Le reste de ma chanson.

VAUDEVILLE

Par M. SAURIN, *adressé à* COLLÉ.

AIR : *Un Chanoine de l'Auxerrois.*

JADIS à table, entre les pots,
Rouloient et couplets et bons mots.
Cette joie est bannie ;
Le bon air, hélas ! dans Paris,
Déclare roturiers les ris ;
Décemment on s'ennuie ;
Gens qui se disent du bon ton,
Ne veulent plus qu'on chante : Zon,
Et bon, bon, bon,
Que le vin est bon !
Il console la vie.

De Momus joyeux favori,
Qui chez Michaut menant Henri,

Les fais trinquer à table,
Crois-tu que ce fameux héros,
Par sa bonté, par ses propos,
A jamais adorable,
Seroit aujourd'hui du bon ton,
Lui qui, simplement grand et bon,
Chanteroit : Zon,
Que le vin est bon,
Près d'un objet aimable!

Devant l'italique fredon
A fui la bacchique chanson,
Et le gai vaudeville;
Tout d'un temps a fui loyauté :
Plutus est le seul dieu fêté
A la cour, à la ville;
Et dans nos meilleures maisons,
Gens bariolés de cordons,
Disent tout haut:
C'est de l'or qu'il faut,
L'honneur est inutile.

Mon cher Collé, mon vieil ami,
Toi qui si long-temps as gémi

Du triste goût moderne,
Qu'à l'anglaise, des furieux
Descendent, en bravant les cieux,
Aux gouffres de l'Averne !
Mais nous, des roses du printemps
Couronnons l'hiver de nos ans ;
Et si jamais
Nous mourons exprès,
Consentons qu'on nous berne.

Malgré le siècle où nous vivons,
Osons-donner pour compagnons
Les ris à la vieillesse ;
A l'exemple d'Anacréon,
Il faut, dans l'arrière-saison,
Egayer la sagesse ;
Et souvent, le verre à la main,
Dire à Philis : Objet divin,
Versez tout plein,
Beaux yeux et bon vin
Rappellent la jeunesse.

Vous qu'effarouchent les vieux ans,
Dieux de Cythère, dieux charmans,

Vous n'êtes plus les nôtres.
Mais, sans plus fêter les amours,
J'aime à me rappeler ces jours
Et cette nuit entre autres,
Où près de l'objet enchanteur
Qui charmoit mes yeux et mon cœur,
En chantant : Zon,
Que l'amour est bon !
Je comptois douze apôtres.

Ce couplet vous paroît gascon ;
Mais alors c'étoit le bon ton
De bien fêter sa reine.
Des *Saucourt* ce n'est plus le temps.
Aujourd'hui tous ces jeunes gens,
Vieux avant la trentaine,
Ne montrent plus qu'un feu follet ;
Et leur voix qui n'a qu'un filet,
En chantant : Zon,
Que l'amour est bon !
Manque d'abord d'haleine.

———————

11.   4

RÉPONSE DE M. COLLÉ,

Au Vaudeville de M. Saurin.

AIR : *Des Cordons bleus.*

Mon vieil ami, tu m'as adressé
Ton vaudeville anacréontique :
Des gens du grand monde m'ont pressé
De t'y faire deux mots de réplique.
Monsieur Saurin, vous avez blessé,
     Par votre critique
     Joyeuse et caustique,
Ce siècle lumineux et sensé ;
Souffrez qu'on défende son siècle offensé.

Le ton noble et triste, le bon ton
Exerce d'abord votre satire ;
Mais, mon cher, vous savez que Platon
Faisoit raisonner, et non pas rire ;

Aussi, combien dans ce siècle a-t-on
        De gens pour instruire,
        Conduire un empire ?
Et puis voyez l'esprit du bon ton,
L'on vit en cynique, et l'on parle en Caton.

Le vaudeville étoit trop gaillard,
Vous en regrettez trop l'indécence ;
Notre pudeur l'a proscrit trop tard,
C'est depuis peu qu'on est chaste en
                              [France ;
L'ariette, plus simple et sans fard,
        A cette innocence
        Qu'il faut qu'on encense,
Tout esprit, tout sentiment à part,
C'est pour la musique un chef-d'œuvre de
                              [l'art ;

Tâchez de vous plier à nos mœurs,
Et prêtez-vous à notre foiblesse ;
A quoi peuvent servir vos clameurs,
Pour l'honneur et contre la richesse ?
Sans argent peut-on vivre ?.. et d'ailleurs

Votre aigre sagesse
Manque de justesse,
Quand on voit, d'après nos raisonneurs,
Que le déshonneur nous conduit aux hon-
[neurs.

Le sage va se moquer de vous,
D'avoir plaisanté le suicide.
Mon cher ami, chacun a ses goûts:
Faut-il que le vôtre nous décide?
Ne gênez personne, ... et, croyez-nous,
Une mort rapide
Est moins insipide.
N'ôtez point à l'orgueil ses ragoûts;
Laissez-leur le plaisir de se tuer tous.

« Ce n'est pas que je veuille mourir;
« au contraire.

J'ai deux raisons pour ne mourir pas,
Et ces deux raisons sont décisives :
L'une est que j'aime encor ces climats,
Mes amis et leurs chansons naïves;
L'autre est qu'on peut, avant mon trépas,

Par des tentatives
Régénératives,
Trouver le secret , dont je fais cas,
De rendre la vie éternelle ici bas.

Ton couplet gascon étonnera
Même nos jeunes académistes ;
Tes douze apôtres, qui les croira ?
Mets plutôt les quatre évangélistes.
Plût au ciel qu'un seul nous demeurât,
Et pouvoir rabattre
Trois encor sur quatre !
Mais l'amour nous ressuscitera ,
Espérons tous deux que cela reviendra.

LA PETITE OBSTINÉE,

VAUDEVILLE NOUVEAU.

AIR : *Cela m'est bien dur.*

JE ne serais pas la plus forte,
Dit Jeanne, la fille à Thomas ;
Quand Nicolas frappe à ma porte,
Je n'ouvre point à Nicolas.
Je fais toujours à sa tendre semonce
La même réponse :
Nicolas, vous perdez vos pas,
Vous n'entrerez pas.

Jeudi, la petite éveillée
Ayant manqué de s'enfermer,
Laissa la porte entre-bâillée,
Et Nicolas vint pour l'aimer.
Elle oubliant que sa porte est ouverte,
Elle lui dit : Certe,

Nicolas, vous n'entrerez pas,
  Vous perdez vos pas.

Je suis dans ta chambre et j'admire,
  Lui dit-il, ton air assuré.
  Je n'entrerai pas ? . . C'est pour rire.
  Comment ! ne suis-je pas entré ?
Non, je sais, dit-elle avec un sourire,
      Ce que je veux dire.
  Nicolas, etc.

  S'obstinant dans la négative,
  Jeanne proposoit le pari,
  Quand une douleur assez vive
  Lui fit jeter un petit cri ;
Malgré cela, son esprit de chicane
      Faisoit dire à Jeanne :
  Nicolas, etc.

  Lorsque l'on entend crier Jeanne ;
  Et qu'on voit son entêtement,
  Il ne faut pas qu'on la condamne ;
  Cela n'est pas sans fondement,

Non, ce n'est point par pure singerie
Que cette enfant crie :
Nicolas, vous perdez vos pas,
Vous n'entrerez pas.

COUPLET

*Chanté par un Acteur de Société,
à ses Spectateurs.*

AIR : *Je ne suis ni roi ni prince.*

Nous ne voulons point d'indulgence,
Que chacun dise ce qu'il pense ;
Loin de gêner les spectateurs,
Ils peuvent nous siffler d'emblée ;
Et s'ils disent : Foin des acteurs,
Nous dirons : Foin pour l'assemblée.

BRANLE A DANSER.

AIR : *V'là c'que c'est qu' d'aller au bois.*

L'AUTRE jour Blaise m'embrassa,
Ah ! pass' pour ça, ah ! pass' pour ça ;
Mais, après cette gaîté-là,
　　Voyant maître Blaise
　　Se mettre à son aise,
Je lui dis : Compère, halte-là,
Oh ! fort peu d'ça, oh ! fort peu d'ça.

Je lui dis : Compère, halte-là,
Oh ! fort peu d'ça, oh ! fort peu d'ça ;
Mais à peine eus je dit cela,
　　Que Blaise me bouche
　　D'un baiser la bouche ;
Je trouvai plaisant ce tour-là ;
Oh ! pass' pour ça, oh ! pass' pour ça.

Je trouvai plaisant ce tour-là :
Oh ! pass' pour ça, oh ! pass' pour ça ;
Mais à mes pieds il se jeta,
    Et fit des demandes
    De faveurs plus grandes.
Vous jugez comme on l'écouta,
Oh ! fort peu d'ça, oh ! fort peu d'ça.

Vous jugez comme on l'écouta,
Oh ! fort peu d'ça, oh ! fort peu d'ça ;
Mais, par un hasard, ce jour-là,
    Ayant une entorse,
    Il me prit par force,
Malgré moi qui voulois bien ça,
Ah ! pass' pour ça, ah ! pass' pour ça.

Malgré moi qui voulois bien ça,
Ah ! pass' pour ça, ah ! pass' pour ça,
Et tout d'un coup s'arrêta là.
    Ah ! Blaise est tout comme,
    Tout comme un autre homme,
Et je vois qu'il me donnera,
Oh ! fort peu d'ça, oh ! fort peu d'ça.

Et je vois qu'il me donnera,
Oh ! fort peu d'ça, oh ! fort peu d'ça :
Il faut joindre à cet amant-là,

    Lucas

     Et Jérôme,

     Colas

     Et Guillaume,

     Bastien,

     Julien,

    Et cœtera.

Oh ! pass' pour ça, oh ! pass' pour ça.

LE TRIOMPHE DES SENS,

*Dialogue entre une Veuve et un jeune Magistrat (*).*

Parodie de l'Air : *Quelle sombre humeur, ma sœur.*

LE MAGISTRAT.

Est-il d'amour sans
Les sens ?
Non, non, je sens
Qu'il n'en est point, belle Angélique ;
Votre goût pour moi,
Je croi,
Comme le mien,
Ne se payeroit pas de rien.
En style énergique,

(*) Comme cette parodie exige une certaine action, du jeu dans l'exécution, elle demande à être chantée par deux personnes d'un sexe différent, afin d'y répandre plus de vérité.

Mon amour physique
S'explique.
Je fais grand cas
De l'amour pur et platonique ;
Mais je n'en use pas. (1)
Quels yeux ! ah ! que d'appas !
N'abrégeons-nous pas ?
Qui cause votre embarras ?

LA VEUVE. (2)

Monsieur, ce sont vos rats.
L'idée est unique ;
Allons, vous n'y pensez pas.

---

(1) C'est ici proprement que commence l'action ; c'est ici qu'il faut commencer à chanter avec feu, l'indécence et les grâces qu'il convient d'y mettre.

(2) Qui aime depuis long temps, comme vous l'iriez depuis un mois. Le jeune Magistrat lui répond d'un air tendre et passionné, mais pourtant très-honnête ; car c'est une femme à sentimens, et qui n'a des sens que malgré elle.

Le premier pas
Toujours coûte aux cœurs délicats.
Le sentiment
Moins que l'amant,
Doit tendrement
Amener le moment.

LE MAGISTRAT.

Je suis, belle veuve,
Plein de sentiment;
Mais l'amant
Le dément,
Quand au cœur
Il ne joint pas la preuve
De son ardeur :
Voyez mes feux dans leur splendeur(3)
Regardez, est-il d'orateur
Plus séducteur
Et moins complimenteur ?

---

(3) Pour que le jeu, en cet endroit, puisse être
rendu bien naturellement, il faut être de la première jeunesse et de la dernière témérité.

LA VEUVE. (4)

Que vois-je? ah ! cachez-vous, ingrat !
Allez, le tour est scélérat.
Le bel état
Pour un grand magistrat !
Me croire sensible
A l'objet présent (5),
Vous êtes plaisant ;
Le trait est galant
Et fort régalant.
Me croire sensible
A l'objet présent,

---

(4) Il faut ici peindre, en chantant, la surprise, l'émotion et la volonté que la Veuve auroit de se mettre en colère, si la chose étoit possible dans un cas aussi graciable et aussi imposant.

(5) En cet endroit, il faut jeter autant de dignité et de majesté que le plaisir présent peut en permettre.

Cachez, cachez-vous, insolent (6);
C'est me croire bien susceptible.
Le trait est galant
Et fort régalant,
Le mépris est visible.

Cachez, cachez, cachez-vous, insolent, }
C'est me croire bien susceptible.　　　　} bis.

LE MAGISTRAT. (7)

Non, mais en vain l'on se défend
De cet acteur, qui, triomphant
Des sentimens,
Fait tous les dénoûmens.

---

(6) A tous ces *cachez*, la Veuve détourne la
vue de l'objet dont elle se plaint ; mais machina-
lement ses regards y sont ramenés malgré elle.
Une fois même elle regarde au travers de ses
doigts qu'elle tient écartés sans qu'elle y pense.

(7) C'est avec une espèce de violence, mais
polie et d'usage, que le jeune Magistrat continue
de la presser, et il a l'air, le ton, la mine et le
jeu très-persuasifs.

LA VEUVE. (8)

Ah ! traître que je chéris,
J'ai les bras tout meurtris ;
Et si je fais des cris,
Comment ! comment ! s'il faut qu'on vienne,
Faut-il qu'on vous surprenne ? (9)
Ah ! cruel, attends
Encor quelque temps.

LE MAGISTRAT.

Ah ! dans ces instans (10)

---

(8) Ici l'on s'aperçoit aisément que la défense que la Veuve fait, n'est plus que pour la forme, et pour n'avoir décemment rien à se reprocher.

(9) Notre jeune Robin est vif et sait trop bien vivre pour accorder le moindre répit : il est trop poli pour cela.

(10) Heureusement cela est fini. Une trop longue défense a souvent fait lever le siège d'une place qui vouloit se rendre : il arrive des accidens.

5*

Je meurs si j'attends ;
Mais j'arrive enfin où je tends.

LA VEUVE.

Hélas ! sans défense
Mon cœur s'est livré,
Il s'est égaré ; (11)
Je vous hais , allez,
Vous m'ensorcelez ;
Mais quoi ! vous voulez
Doubler l'offense !
Ah ! vous la comblez ;
Il la doubla, (12)
Il la tripla ,
La quadrupla ;
Après cela ,

(11) Propos que l'on se doit à soi-même quand on s'est rendue , et dont le vainqueur connoît toute la valeur. La colère où elle paroît se mettre à la fin de ce couplet lui fait bien de l'honneur, et cela n'est pas joué : voilà du vrai.

(12) C'est ici le narrateur qui parle.

Le galant
Disoit en s'en allant : (13)
Le cœur qu'on cite à tout propos,
L'amour et ses sentimens faux,
Ce sont des mots
Inventés pour les sots.

-----

(13) Voici les discours d'un jeune homme perdu de bonnes fortunes, et qui n'a point de mœurs. Nous sommes bien loin d'adopter ces maximes corrompues.

Le galant interlocuteur est un jeune Magistrat, beau, très-bien fait, qui a beaucoup d'esprit, le ton du grand monde, et un usage prodigieux des femmes. Bien des gens prétendent que c'est un avocat général d'une cour souveraine, et je suis assez de ce sentiment par la raison qu'il commence par disserter, ce qui tient un peu à son état. Il finit même par donner une espèce de résumé de sa dissertation : en sorte que l'on imagineroit volontiers qu'il ne veut avoir la Veuve que pour prouver ce qu'il a avancé, ce qui ressemble infiniment à l'esprit conséquent des gens de robe.

LA PEUREUSE.

AIR :

SORTEZ, il faut que je m'habille,
Remettons notre rendez-vous ;
Je meurs de peur, séparons-nous ;
Si l'on sait ça dans ma famille !
Ménagez une honnête fille.
  Retirez-vous,   (ter.)
Ah ! mon dieu ! prenons garde à nous :
M. l'abbé, ah ! l'abbé, retirez vous.

Dans ma chambre s'il faut qu'on vienne,
Que diroit-on de vous y voir ?
Allez vous-en, il va pleuvoir.
Quoi ! votre bouche sur la mienne ;
Croyez-vous que cela convienne ?
  Retirez-vous.   (ter.)
Ah ! mon dieu !, etc.

Il ne dit pas une parole ;
Mais il suit toujours son chemin :
Mais où diantre va votre main ?
Vous me feriez devenir folle ;
Je vous dis qu'elle me désole,
        Retirez-vous,   (*ter.*)
Ah ! mon dieu ! etc.

Voyez, pour un homme d'église,
Le bel état où vous voilà !
Je vois bien où va tout cela.
Arrêtez, ma force s'épuise ;
J'ai du malheur, j'y serai prise.
        Retirez-vous,   (*ter.*)
    Ah ! mon dieu ! prenons garde à nous !
Mon cher abbé, chien d'abbé, retirez-vous.

PARODIE

D'UN AIR DE RAMEAU.

Le marquis,
Depuis long-temps, vous est acquis;
A jubé
Vous avez fait venir l'abbé;
Le vieux duc
Vous rend son hommage caduc;
Deux ou trois bons bourgeois,
Bons Gaulois,
Un Anglais fait pour payer,
Vous servent à défrayer
Tantôt un écolier,
Tantôt un cordelier.
Maintenant
Un lieutenant
Est le tenant;

Père Anroux
Viendra lui donner du dessous ;
Mais au jeu
Dans peu
Le serviteur de Dieu
Perdra son feu.
Nous verrons d'autres amours
Venir remplir le cours
De vos lubriques jours.
Philis,
Vous me dégoûtez des Laïs.
Je me convertis, mes amis.
Oui ;
Je veux m'attacher aujourd'hui
Aux femmes d'honneur ;
Et s'il plaît au Seigneur,
N'en fût-il point,
Je veux parvenir au point
D'en trouver à Paris,
Pour l'honneur des maris.

LA PRINCESSE.

Chanson à l'usage de la Cour.

S'ATTEND-ON à cela d'un page ?
Comment donc ! pendant mon sommeil ?
Vit-on jamais rien de pareil ?
Quelle indécence ! quel outrage!
Mais quel insolent est-ce là ? —
Je m'ôterai, grande princesse,
Si j'incommode votre altesse. —
Mais je ne vous dis pas cela.

C'est affreux ; si je suis tranquille,
C'est à force d'être en fureur ;
C'est hideux, mais c'est une horreur;
Mais c'est que j'en reste immobile.
Mais quel insolent, est-ce là ? —
Je m'ôterai, grande princesse,
Si j'incommode votre altesse. —
Mais je ne vous dis pas cela.

Pendant que je dors, c'est infâme!
Abuser de ma bonne foi !
Ah ! je me meurs, c'est malgré moi.
Quel coquin! Je vais rendre l'ame.
Mais quel insolent, etc.

Encore, encor, sans qu'il me quitte,
Ce petit faquin croit-il donc,
Croit-il mériter son pardon
En m'offensant deux fois de suite ?
Mais quel insolent est-ce là,
Je m'ôterai, grande princesse,
Si j'incommode votre altesse.
Mais je ne vous dis pas cela.

LE GOUT DU JOUR.

VAUDEVILLE.

~~~~~~

AIR : *Tout consiste dans la manière.*

Un homme aimable, un homme à femmes,
S'il veut être l'homme du jour,
S'il veut avoir toutes nos dames,
Ne doit jamais avoir d'amour.
A l'amour les voit-on se rendre ?
            Point du tout,
Il est donc plus sûr de les prendre
            Par leur goût.

Climène a le goût des parures,
Sapho celui des beaux-esprits,
Lucinde celui des voitures,
Celui des plaisirs tient Iris.
A l'amour, etc.
~~~~~~

Des Agnès qui n'ont pu connoître
Ni l'amour ni la volupté ;
Quel goût vous en rendra le maître ?
Quel goût ?.... la curiosité.
A l'amour, etc.

Le goût tient lieu de l'amour même.
Chez les amans, chez les époux,
Dit-on à présent : Je vous aime ?
Non, l'on dit : J'ai du goût pour vous.
A l'amour, etc.

Ce goût dont une ame est saisie,
Et qu'on prend pour du sentiment,
Souvent n'est qu'une fantaisie ;
Mais il amène le moment.
A l'amour, les voit-on se rendre ?
      Point du tout,
Il est donc plus sûr de les prendre
      Par leur goût.

LA MANIÈRE FAIT TOUT.

VAUDEVILLE.

AIR : *Tout consiste dans la manière.*

AMANS, qui marchez sur les traces
Des agréables de la cour,
Ayez de l'esprit et des grâces ;
Il en faut pour faire l'amour.
Tout consiste dans la manière
      Et dans le goût,
Et c'est la façon de le faire
      Qui fait tout.

Pour faire un bouquet à Lucrèce,
Suffit-il de cueillir des fleurs ?
Il faut encore avoir l'adresse
D'en bien assortir les couleurs.
Tout consiste, etc.

L'amant risque tout, et tout passe,
Lorsque l'on sait prendre un bon tour:
S'il est insolent avec grâce,
On fera grâce à son amour.
Tout consiste, etc.

De deux jours l'un, à ma bergère,
Je fais deux bons petits couplets,
Et ma bergère les préfère
A douze qui seroient mal faits.
Tout consiste dans la manière
   Et dans le goût,
Et c'est la façon de le faire
   Qui fait tout.

———

6*

LA DIFFICULTÉ VAINCUE.

AIR : *J'étois malade d'amour.*

JE vous aime et vous m'estimez,
J'en suis à ce régime ;
Depuis un an vous m'assommez,
Iris, de votre estime.
Aimez, aimez, belle Iris, aimez ;
L'amour est-il un crime ?

Votre œil est tendre, il est humain,
Promet-il sans qu'il tienne ?
Non, je suis dans le bon chemin.
Que l'amour m'y maintienne,
Je tiens, je tiens, je tiens votre main,
Et vous serrez la mienne.

Monsieur, je ne vous serre rien ;
Je le sais bien peut-être :
Mais fi ! l'horreur ! ah ! quel maintien !

J'apprends à vous connoître.
Eh bien ! eh bien ! arrêtez, eh bien !
        C'est un monstre, ah ! le traître !

Je touche à ma félicité,
        Et vous l'avez voulue ;
Quoi ! serai-je encore arrêté
        Quand vous voilà rendue ?
Je sens, je sens la difficulté,
        Mais la voilà vaincue.

LE SOLILOQUE

DE LA FEMME A PIERRE LEROUX.

VAUDEVILLE NOUVEAU.

AIR : *Vive le vin ! vive l'amour !*

Sans qu'on la vît,
Rose entendit
Ce que Judith
Hier se dit
Dans un superbe soliloque.
Or Judith, fille de Laroque,
Afin que vous le sachiez tous,
Est femme, hélas ! du vieux Pierre **Leroux**,
Dont voici comme elle se moque.

Judith disoit
Qu'il lui baisoit
Le bout du doigt,
Et qu'il n'osoit

Lui baiser la main toute entière.
Soyez plus hardi, maître Pierre,
Ou souffrez qu'on le soit pour vous.
Je sais des gens, maître Pierre Leroux,
D'humeur un peu moins façonnière.

Pierre Leroux,
Mon vieil époux,
Est des époux
Le plus jaloux;
Cela mérite récompense,
Et Judith ajoutoit : j'y pense.
Jacques Ducreux, mon amoureux,
Y pense aussi, nous y pensons tous deux;
Mais je crains tout, et je balance.

Il est scabreux
De rendre heureux
Jacques Ducreux,
Mon amoureux.
Il peut me rendre malheureuse.
Je n'ose pas, je suis peureuse.
Pourquoi Ducreux est-il peureux ?

Ah ! si par force il se rendoit heureux,
   Peut-être il me rendroit heureuse.

      Mais ton courroux,
      Vilain jaloux,
      Pourroit sur nous
      Porter les coups :
Je crains encor les injustices.
Tu devrois faire tes délices,
Si tu ne m'aimois que pour moi,
De mes plaisirs, fussent-ils pris sans toi :
L'amour pur fait des sacrifices.

      Ne doit-on pas
      Faire grand cas
    De ces sentimens délicats
Qui terminent ce soliloque ?
Ils sont vrais, et n'ont rien qui choque.
Ce grand détachement de soi
N'est point pris dans les romans. Je le crois
Puisé dans Marie-Alacoque.

ROMANCE ESPAGNOLE.

Je ne croyois pas possible
Que je pusse aimer jamais ;
Mais, hélas ! d'un cœur sensible
Dom Félix troubla la paix ;
       Il m'prit, il m'prit
Par où je suis fort sensible,
Par sa grâce et son esprit.

Mon amant est sans richesse,
Plus civil que ces espèces
Que l'on nomme des galans,
       Il m'fait, il m'fait,
Il m'fait tant de politesses
Que je le trouve parfait.

L'amour promet, quand on s'aime,
Les plaisirs et le bonheur ;
Mon amant, dans ce système,

A bien affermi mon cœur ;
Il m'met, il m'met
Au comble du bonheur même ;
L'amour tient ce qu'il promet.

~~~~~~~~~~~~~

COUPLET

*Du fameux comte Bussy-Rabutin, un
peu retouché par Collé.*

———

AIR : *Du branle de Metz.*

C'EST par la messagerie
Que, sur un coursier fougueux,
Un mari de Périgueux
Vient pour vous, belle Egérie ;
Ce mari n'est pas de ceux
Qu'on tourne en plaisanterie ;
Il vous vient de Périgueux,
Il est gros, gras, gris, grand, gueux.
~~~~~~~~~~~~~

LES ACCIDENS.

VAUDEVILLE.

Air : *Je ne suis pas si diable que je suis noir.*

Des galans Isabelle
Croyoit avoir le choix;
Et vouloit, disoit-elle,
Prendre la fleur des pois;
Cependant cette belle
Prend monsieur l'intendant :
Voilà ce qui s'appelle
Un accident.

La malheureuse Hortense
Vient de perdre à Paphos
Un procès d'importance
Qu'on jugeoit à huis clos.
Son avocat, dit-elle,
Resta court en plaidant :

Voilà ce qui s'appelle
    Un accident.

Une Circassienne
Dans le sérail attend
Qu'à la fin son tour vienne;
Il ne vient pas pourtant.
Elle reste pucelle
A son corps défendant :
C'est là ce qui s'appelle
    Un accident.

Iris croit plus honnête
De n'avoir qu'un amant;
Mais, dans le tête-à-tête,
Son bon cœur la dément.
Hélas! c'est plus fort qu'elle,
Dit-elle en se rendant :
Voilà ce qui s'appelle
    Un accident.

Une fille rebelle
D'abord me refusa
D'une façon cruelle,

Puis elle s'appaisa.
Elle fut plus cruelle
En me tout accordant :
Voilà ce qui s'appelle
Un accident.

COUPLETS DÉTACHÉS.

AIR : *Je ne suis né ni roi, ni prince.*

POUR faire un bouquet à Climène,
J'attends que le printemps ramène
Les dons que Flore réservoit ;
Car présenter une jacinthe,
Le cu trempé dans un navet,
C'est la nature trop contrainte.

Je choisis d'abord une rose,
Mais vive, mais à peine éclose,
Jasmin, œillets et romarin,
Q'avec adresse je compasse ;
Mais sur-tout c'est le maître brin
Que je fais placer avec grâce.

LA SURPRISE NOCTURNE.

AIR : *J'aime mieux ma mie , ô gué.*

Un soir revenoit Cadet ,
Ce n'est pas sa faute ,
Tenant sa femme Babet ,
La fille à notre hôte :
Un voleur saisit Cadet ,
Un voleur saisit Babet.
C'est bien la faute du guet ,
Ce n'est pas leur faute.

Un voleur rossoit Cadet ,
Ce n'est pas sa faute ;
Un voleur baisoit Babet ,
La fille à notre hôte.
Ça fit du mal à Cadet ,
Ça fit plaisir à Babet.
C'est bien, etc.

Ah ! quels coups, disoit Cadet,
  Ce n'est pas sa faute ;
Ah ! quels coups, disoit Babet,
  La fille à notre hôte !
Je me meurs, disoit Cadet !
Je me meurs, disoit Babet !
C'est bien, etc.

Au voleur ! crioit Cadet ;
  Ce n'est pas ma faute :
Cher voleur, disoit Babet,
  La fille à notre hôte ;
Je n'y reviens plus, Babet :
Moi, j'y reviendrai, Cadet ;
Car c'est la faute du guet,
  Ce n'est pas ma faute.

7*

LA DAME APPAISÉE.

VAUDEVILLE.

A i r : *Il l'attrap'ra.*

Tenez, disoit l'ardent Philène,
Mais, Daphné, voyez donc cela,
Là se peut-il que je contienne
Un amour comme celui-là ?
Parlez, que faut-il qu'il devienne ? —
Mais, Monsieur, ce qu'il vous plaira,
J'aime assez ça, j'aime bien ça.

Philène, en disant je l'adore,
De cette infante triompha ;
Et Daphné, disant je l'abhorre,
S'arrangeoit dessus son sopha :
Sa colère duroit encore,

Et pourtant elle répéta :
J'aime assez ça : j'aim' beaucoup ça.

Mon jeune homme, plein de mérite,
Pénétré de ce courroux-là,
Pour réparer ses torts plus vîte,
Dans le moment recommença
Par avoir deux torts tout de suite...
Cette indignité l'appaisa.
J'aime assez ça, j'aim' beaucoup ça.

LA SENSIBILITÉ PHYSIQUE,

Chanson très-philosophique tant pour la netteté des idées lumineuses qui en caractérisent le fond, que par le choix des expressions de génie et néologiques, qui, dans les détails, respirent le goût exquis de la singularité.

Traduction nouvelle de l'Anglais.

~~~~~~~~~~

Un peu d'*esprit philosophique*,
Disoit Milady Bellaston,
Du vieux *amour métaphysique*
    Proscrit le ton;
    Milord Boston,
Berger délicat, je vous donne
En riant d'un vain préjugé,
    Votre congé,
    En abrégé;
~~~~~~~~~~

Votre tendresse trop mignonne,
Ne produit pas les résultats
Dont mon sexe éclairé fait cas.

MILORD.

De l'air dont tout ceci se mène,
Je rougis pour vous, Milady,
Achevons du moins la semaine.
          Quoi ! pris lundi ?
          Quitté jeudi ,

MILADY.

Milord permet-il qu'on réponde
Qu'en lui toujours on trouveroit
          Un amant froid,
          Un maladroit ?
Ma sensibilité profonde
          Veut, j'en conviens,
          De grands moyens ;
Milord l'a réduite *à des riens.*

MILORD.

Ne parler que d'unir nos ames,
Le jour de notre arrangement !

Me montrer les plus pures flammes
Et l'engoûment
Du sentiment !
Milady, quand vous vous rendîtes,
Modérant, comme un bon cœur,
Avec pudeur,
Mon trop d'ardeur,
En propres termes, vous me dîtes :
Ne passez point
Un certain point.
Qu'est-il besoin
D'aller si loin ?

MILADY, *d'un ton doctoral.*

Des feux *par trop légers* des ames
Doivent naître des feux *plus forts ;*
Je déteste les pâles flammes,
Et certains torts
De nos milords.
L'amant qui trouve tout possible,
Est l'amant que je rends heureux ;
Moi, je lui veux

Des sens tout neufs ;
Et lorsque je me dis sensible ,
Par-là j'entends
Que j'ai des sens
Agissans et réagissans.

MILORD.

Quel aveu noble ! adieu , Madame ;
Quel plaisir j'ai !
J'ai mon congé.
Permettez-moi d'avoir une ame ;
C'est mon bonheur
D'avoir un cœur ;
C'est un mal pour vous et les vôtres ;
Ou plutôt pour vous, ce n'est rien !
Moi, c'est mon bien ,
Mon grand moyen !
Je vais l'offrir dans Londre à d'autres ;
En ce pays ,
S'il est sans prix ,
Dans huit jours je suis à Paris.

Couplet ajouté et risqué par le Traducteur.

Milord est à présent en France ;
  C'est là vraiment
  Son élément.
Ce qu'on y prend de préférence,
  C'est un amant
  A sentiment ;
Pour les philosophes anglaises,
Ce bon homme n'étoit pas fait ;
  Mais en effet,
  Il est le fait
Des cœurs tendres de nos Françaises ;
  Et surtout à
  Paris s'il va,
  Ce doit être à
  Qui le prendra (1).

---

(1) On avoue, de la meilleure foi du monde, que ce dernier couplet n'est pas de la force des précédens, où l'on a été continuellement soutenu par le *génie anglais* de l'original.

C'est une témérité du traducteur, qui a cru

devoir à milord Boston, dont il a été accueilli à Londres, et fort bien traité nouvellement à Paris, le risquer de rendre ce seigneur célèbre dans notre patrie.

Il appréhende fort d'avoir échoué dans ce projet, par deux raisons.

La première, c'est qu'il ne convient guère à un traducteur d'*inventer*, et que cela lui réussit rarement.

La seconde, c'est que celui-ci n'a pas l'honneur malheureusement d'*être né anglais*, quoiqu'il en ait toujours eu la fureur; ce n'est en vérité pas sa faute *s'il est né français*.

L'original de cette chanson est d'une *dame anglaise*, qui, *dans ce siècle de lumières*, a mérité de sa nation d'être mise au rang des *sages*.

(*Note de Collé.*)

8

MAUVAISE PLAISANTERIE

SUR LE QUARTIER DU MARAIS,

VAUDEVILLE.

EN dépit des railleurs, je chante le Marais;
    Je demeure Place Royale ;
J'y suis en très-bon air et j'habite un palais;
    Chacun à son tour s'y régale,
    L'on y vit à peu de frais.
Vive, vive, vive le quartier du Marais.

Dans toutes leurs façons, les messieurs du
                                    [Marais
    Des gens polis offrent l'élite,
Et leurs civilités ne finissent jamais;
    Ils ont, quand on leur rend visite,
    De beaux complimens toujours prêts.
Vive, vive, etc.

L'abondance aux festins règne avec les ap-
[prêts ;
Toujours quelque voix agréable
Vous entonne un grand air, même avant
[l'entremets ;
Lorsque l'on va sortir de table,
Vîte on met du champagne au frais.
Vive, vive, etc.

Le soir on y tient cercle ; Amour avec succès,
Sur le tapis met quelque thèse,
Où le cœur et l'esprit sont toujours en procès ;
Puis en beau style d'antithèse,
Iris prononce ses arrêts.
Vive, vive, etc.

Sitôt qu'on les connoît, la mode et le bon air
Y sont suivis jusqu'au scrupule ;
L'on y goûte en été les plaisirs de l'hiver,
Dans le fort de la canicule
L'on y danse la nuit au frais.
Vive, vive, etc.

L'on y ferme l'oreille à tous nos damerets;
    Ce n'est que pour les bonnes têtes
Que l'Amour adoucit la rigueur de ses traits
    Tous nos ducs y font des conquêtes,
    Et ce sont des amans discrets.
Vive, vive, etc.

On n'est plus de Paris quand on est du Marais
    Mais aussi n'est-on pas de Vienne;
La critique a beau dire, on y vient sans relais
    Il faut même que l'on convienne
    Qu'on n'en sauroit être plus près.
Vive, vive, vive le quartier du Marais.

VAUDEVILLE

DE LÉANDRE GROSSE.

Air : *C'est ce qui vous enrhume.*

ISABELLE.

Une fille veut du ménagement.
N'appréhendez rien, lui dit son amant,
   C'est un léger obstacle.
Neuf mois après un enfant le dément :
   Le beau fichu miracle !

LÉANDRE.

Pour épouser un objet qui m'a plu,
Avoir à combattre un père absolu,
   C'est un léger obstacle ;
     Je l'aurai vaincu,
     Pour être cocu ;
   Le beau fichu miracle !

8*

CASSANDRE.

Qu'un tendre amant soit droit dans son
[maintien ,
S'il se redresse et s'il se montre bien,
C'est un fort beau spectacle;
Mais si cela tombe et ne produit rien ;
Le beau fichu miracle !

GILLES.

Mesdames, venez, nos acteurs sont frais;
Sans les payer, ils seront toujours prêts ,
C'est un fort beau spectacle;
Comptez que vous ne direz pas après :
Le beau fichu miracle !

COMPLAINTE

D'UNE FEMME A SENTIMENS.

ROMANCE.

A I R : *De mon Berger volage.*

Dans le siècle où nous sommes,
Qu'on s'aime foiblement !
L'on ne peut chez les hommes
Trouver de sentiment.
Tircis n'est point volage,
Mais son cœur est usé ;
Se peut-il qu'à son âge
Un cœur soit épuisé ?

Tu jures que tu m'aimes;
Mais c'est si froidement !
Tircis, tes sermens mêmes,
Redoublent mon tourment!

Laisse le vain langage
Des sermens superflus,
Aime-moi davantage
Et ne le jure plus.

Quels destins sont les nôtres !
Pourquoi suis-tu mes pas ?
Tu n'en aimes point d'autres,
Mais tu ne m'aimes pas ;
Quand ton cœur léthargique
N'est plus sensible à rien ;
Ingrat, ce qui me pique,
C'est que je sens le mien.

Comment ! rien ne ranime
Tes désirs languissans !...
Ce n'est pas que j'estime
Les vains plaisirs des sens ;
Mais que ton cœur s'enflamme,
Du moins, par mes transports !...
Eh ! quoi, même ton ame
A perdu ses ressorts !

L'ATTENTE.

VAUDEVILLE.

AIR : *Nanon dormoit.*

Au rendez-vous
Me voici la première,
Dit en courroux
Zulmis, la minaudière;
Quoi, dit-elle, j'attends,
J'attends, j'attends,
Mais attendrai-je encor long-temps ?

Ah ! vous voilà !...
Je retiens ma colère,...
Laissons cela,
Nassès, parlons d'affaire ;
Ne perdons pas de temps.
J'attends, j'attends...
Mais, etc.

Zulmis, pardon ;
Mais qu'est-ce qui nous presse ?
Attendez donc
Que l'on se reconnoisse ! —
Eh mais, monsieur, j'attends,
J'attends, etc.

Vous m'excédez,
Quels airs insoutenables !
Vos procédés,
Monsieur, sont détestables.
Encore un peu de temps !
J'attends, etc.

A vos amis,
Pour une bagatelle,
Faut-il, Zulmis,
Aller chercher querelle ?...
Accordez-moi du temps,
J'attends, j'attends,
J'attends le retour du printemps.

L'ESPÉRANCE.

VAUDEVILLE.

Mes promesses sont promptes,
Les effets en sont sûrs ;
Je donne des à-comptes
Sur les plaisirs futurs ;
Je fais jouir d'avance,
Je rapproche les temps.
Et guai, guai, guai, l'espérance
Rend tous les cœurs contens.

Une coquette sage
Lui doit tous ses talens ;
Sans que son cœur s'engage,
Elle a quatre galans,
Et de la préférence
Les flatte en même temps.
Et guai, guai, etc.

C'est par son influence
Qu'une fillette croit
Être femme d'avance
Du galant qu'elle voit ;
Souvent en conséquence
Elle passe le temps.
Et guai, guai, etc.

A deux époux qu'engage
L'hymen et non l'amour,
Je promets le veuvage
A chacun tour à tour,
Et de la survivance
Les flatte en même temps.
Et guai, guai, etc.

Lucrèce fut la seule
Qui brava son pouvoir ;
A la mort, la bégueule
Courut par désespoir ;
Par là le sexe, en France,
Jamais ne périra.
Et guai, guai, guai, l'espérance
Le ragaillardira.

LA GRANDE PARLEUSE.
BRANLE A DANSER.

Mon amour en vaut la peine,
C'est l'amour d'un bon bourgeois;
Permettez, madame Hélène,
Qu'on vous en parle une fois.
  Notre bourgeois,
   C'n'est pas la peine,
   Pour une fois,
   C'est trop bourgeois.

Vous avez la courte haleine;
Parler d'amour une fois,
C'est me donner la migraine;
Monsieur n'a donc point de voix?
  Notre bourgeois, etc.

Ce n'est pas ça qui me mène;
Mais qu'est-ce enfin qu'une fois?
Voyez donc la belle étrenne,
Quand j'attends depuis un mois!
  Notre bourgeois, etc.

Mon cousin, le capitaine,
Par jour en parle trois fois;
C'est plus de vingt par semaine,
C'est quatre-vingt dix par mois,
  Notre bourgeois, etc.

Je sais mon histoire ancienne,
Mahomet, cet Albigeois,
En parloit à sa chrétienne,
Par jour, onze ou douze fois.
  Notre bourgeois, etc.
Une nuit, le fils d'Aclmène
En parla cinquante fois,
Sans faire, à chaque dixaine,
Comme Martin, une croix.
  Notre bourgeois, etc.

Doucement, madame Hélène,
Commençons par une fois;
Il faut bien que l'on engraine —
Monsieur, engrainez par trois.
  Notre bourgeois,
  C'n'est pas la peine,
  Pour une fois,
  C'est trop bourgeois.

LE PÉCHÉ DE PARESSE.

VAUDEVILLE.

Air : *Du Curé de Pomponne.*

Tant que l'homme desirera
  Plaisir, honneur, richesse,
Pour les avoir il emploiera
  Courage, esprit, adresse ;
Tout le relèvera, la rira,
  Du péché de paresse.

Une indolente qui n'aura
  Rien vu qui l'intéresse,
Quand son moment d'aimer viendra,
  Le dieu de la tendresse
Vous la relèvera, etc.

Le poète qui dormira
  Sur les bords du Parnasse,

La gloire le réveillera
    Plutôt que la richesse
Et le relèvera, etc.

Un jeune acteur qui restera
    Tout court dans une pièce,
L'actrice avec lui qui jouera,
    Si son jeu l'intéresse,
Vous le relèvera, etc.

Un jeune époux qui ne dira
    Qu'un mot de politesse,
Un amant plus poli viendra,
    Qui parlera sans cesse,
Et la relèvera, etc.

Une veuve qui comblera
    D'un amant la tendresse,
Et qui se tranquillisera
    Dans ces momens d'ivresse,
On la relèvera, la rira,
    Du péché de paresse.

VAUDEVILLE

Chanté dans une fête, par un Gilles, qui montroit aux spectateurs le Grand-Sei gneur dans son Sérail, au milieu de ses Sultanes.

Le Grand-Seigneur étoit habillé magnifiquement. Il étoit assis sur un coussin très-riche, les Sultanes debout. C'étoient six têtes à perruques, coîffées et habillées aussi avec la plus grande magnificence, et couvertes de diamans.

~~~~~~~~

AIR : *Ton, relon, ton, ton, ton, tontaine, la tontaine,*
Ton, relon, ton, tontaine, la tonton.

LE Grand-Seigneur, jaloux de ses sultanes,
Veut prendre seul le soin de son bercail ;
Ne lancez pas des œillades profanes
Sur ces tendrons qu'enferme son sérail.

9*
~~~~~~~~

Voyez la gaîté
De ces belles
Mortelles,
Et leur chasteté
Sans en être tenté.

Quand ces dondons, par leurs minauderies,
Vous promettraient les plaisirs des houris,
Loin de répondre à leurs agaceries,
Craignez, Messieurs, le fer des bistouris.
Voyez la gaîté, etc.

Quand elles sont dans ces instans terribles
Où le Sultan veut user de ses droits,
Par le cœur seul on les trouve sensibles ;
Mais d'ailleurs ce sont des pièces de bois.
Quelle pureté
Dans ces belles
Mortelles !
Exemple cité
Et jamais imité.

AMPHIGOURI.

AIR : *Du menuet de la Pupille.*

Qu'IL est heureux de se défendre
Quand le cœur ne s'est pas rendu !
Mais qu'il est fâcheux de se rendre
Quand le bonheur est suspendu !
Par un discours sans suite et tendre,
Égarez un cœur éperdu ;
Souvent par un mal-entendu,
L'amant adroit se fait entendre (1).

(1) L'amphigouri, comme on sait, n'est qu'un galimatias rimé très-richement. J'ai fait beaucoup trop de couplets dans ce genre méprisable; je les regarde comme mes *delicta juventutis*. Je me permets de donner celui-ci, parce qu'il a tant d'apparence d'avoir quelque sens, que le célèbre Fontenelle l'entendant chanter chez madame de Tencin, crut le comprendre un peu, et voulut le faire recommencer pour le comprendre mieux. Madame de Tencin interrompit le chanteur, et dit à Fontenelle : *Eh ! grosse bête ! ne vois-tu pas que ce couplet n'est que du galimatias ?*
(*Note de Collé.*)

VAUDEVILLE ANCIEN.

Qui veut se porter toujours bien,
Méprise la sience ingrate
De Sénac et de Gallien,
De Dumoulin et d'Hypocrate.
Le médecin qu'il faut choisir
    C'est le plaisir.   (*bis.*)

Trois médecins sont en ce jour,
Que l'on doit distinguer des autres,
Ce sont Momus, Bacchus, l'Amour :
Tâchez qu'ils soient toujours les vôtres,
Ils offrent toujours le plaisir,
    On peut choisir.   (*bis*).

Les vieillards choisiront Bacchus ;
Sa liqueur n'est pas une drogue ;
Les jeunes seront pour Momus,
L'Amour chez eux aura la vogue.

Chacun, suivant son bon plaisir,
    Pourra choisir.   (*bis*).

Entre les mains du tendre Amour
Une malade est bien soignée;
Que de filles en un seul jour
Il guérit par une saignée !
Ce docteur-là sait les guérir
    Par le plaisir.   (*bis*).

LES BIZARRERIES
DE L'AMOUR.

VAUDEVILLE. (1)

AIR : *C'est un enfant, c'est un enfant.*

L'AMOUR suivant sa fantaisie
Ordonne et dispose de nous ;
Ce dieu permet la jalousie,
Et ce dieu punit les jaloux.

----

(1) J'avois donné le refrain et la mesure des vers de ces couplets à M. Rousseau qui en fait le vaudeville de son charmant *Devin du Village.*

Ceux-ci étoient celui d'une parade ; on les avoit trouvés trop nobles pour ce genre ignoble.

(*Note de Collé.*)

Ah ! pour l'ordinaire,
L'amour ne sait guère
Ce qu'il permet, ce qu'il défend ;
C'est un enfant, c'est un enfant.

L'amour ordonne que pour plaire,
L'on soit sensible et délicat ;
Il fait réussir au contraire
En étant insensible et fat ;
    Ah ! pour l'ordinaire, etc.

Un jour ce dieu veut qu'on soit tendre,
Et donne tout au sentiment ;
Un autre jour il fait entendre
Que c'est s'y prendre gauchement.
    Ah ! pour l'ordinaire, etc.

L'Amour veut de la résistance
Pour nous rendre plus amoureux ;
Et quelquefois ce dieu dispense
De résister un jour ou deux.
    Ah ! pour l'ordinaire, etc.

C'est un petit dieu sans cervelle,
L'on ne sait comment il l'entend;
Il ordonne d'être fidelle,
Mais il permet d'être inconstant,
        Ah! pour l'ordinaire, etc.

L'Amour veut que l'on soit modeste;
Il permet d'être avantageux.
Souvent il s'offense d'un geste;
Un geste souvent rend heureux.
        Ah! pour l'ordinaire
        L'Amour ne sait guère
Ce qu'il permet, ce qu'il défend;
C'est un enfant, c'est un enfant.

VAUDEVILLE NOUVEAU.

BELLE Hortense, disoit un fat,
Quand votre cœur pour moi combat,
Y résister est un scandale ;
Qui diable aujourd'hui se défend ?
Mais c'est être provinciale,
  C'est être enfant,
  C'est être enfant.

Qu'un petit duc ait tour à tour
Toutes les femmes de la Cour,
Il est tout simple qu'il s'en vante ;
Mais qu'il ait cet air triomphant,
Pour vivre avec une intendante,
  C'est bien enfant !   (bis.)

Dans son temps, ce bon commandeur
Étoit un aimable vainqueur,

E 1.

10

Qui se plaisoit à nous réduire ;
Mais quand son âge lui défend ,
Qu'il tente encor de nous séduire ,
     Le vieux enfant !   (*bis.*)

Climène , à certain magistrat
Grave , et qui vouloit fuir l'éclat ,
Faisoit cette mercuriale :
Quoi ! mon président se défend
De causer un peu de scandale !
     C'est bien enfant !   (*bis.*)

Philis disoit à son amant :
Quoi ! chacun sort dans ce moment !
Ciel ! on nous laisse tête-à-tête !
Damis prend un air triomphant ;
Mais le diable en chemin l'arrête ,
     Le pauvre enfant !   (*bis.*)

Zaïde prend en même temps
Des bourgeois, des ducs, des traitans ;
Elle se vend , elle se donne ;
Jamais elle ne se défend ,
Elle ne refuse personne ,
     La bonne enfant !   (*bis.*)

CHANSON

A une dame, dont le nom de société étoit
MIGNON, et à laquelle on avoit oublié
de faire quelques couplets, dans une
terre où se trouvoient des chansonniers
très-agréables.

AIR : *J'te prêterai mon manchon,*
petit mignon.

PLUS j'y songe et plus je m'embrouille ;
Comment ! ils ont vu tes appas,
Et tu reviens ici, bredouille !
Ces gens ne t'ont rien fait là-bas :
Après t'avoir si long temps souhaitée,
  Ces Messieurs ne t'ont point chantée
      Par un couplet !
    Ma foi ! le malheur est
      Complet ;

C'est avoir du guignon,
Mignon ;
C'est avoir du guignon.

Ces gens-là n'ont point de Minerve :
On leur envoie une Vénus ;
Que faut-il pour les mettre en verve ?
Quoi ! ne rien faire là-dessus !
Après l'avoir, etc.

Te laisser partir sans rien faire !
Ces Messieurs ne sont pas galans ;
Nous ferons bien mieux ton affaire,
Nous sommes tous gens à talens.
Après l'avoir, etc.

Pour te composer vers ou prose,
Il ne faut qu'écouter son cœur ;
Oui, pour te faire quelque chose,
Il n'est pas besoin d'être auteur.
Après, etc.

Sans être favori des Muses,
En un jour je t'en ferai six ;

Et je te ferai mes excuses
De ne t'en avoir pas fait dix.
Après t'avoir si long-temps souhaitée,
Ces Messieurs ne t'ont point chantée
    Par un couplet !
  Ma foi ! le malheur est
      Complet ;
C'est avoir du guignon,
     Mignon ;
C'est avoir du guignon.

RONDE DE TABLE

De feu Panard, rajustée par moi, pour un souper, donné par un très-grand prince.

AIR : *Du Prévot des Marchands.*

MESSIEURS, chantez tous avec moi
Celui qui donne ici la loi ;
Quand il sert de ce jus d'automne,
Son plaisir dans sès yeux se voit,
Il est charmé quand il en donne,
Il est charmant quand il en boit.

Quand il sable un nectar si doux,
Et qu'il nous en fait boire à 'tous,
A ce plaisir il s'abandonne,
Il en fait prendre, il en reçoit ;
Il est charmé, etc.

Il verse de la même main
Ses bienfaits ainsi que son vin,
Et sa bonté tendre assaisonne
Les biens, le vin qu'on en reçoit.
Il est charmé, etc.

Aux plaisirs de la table il joint
Ceux dont je fais mon second point;
Au cœur d'une jeune personne,
Par ce nectar il va tout droit.
Il est charmé, etc.

Par un salut universel,
Célébrons ce charmant mortel;
De nous il est temps qu'il reçoive
Le bachique honneur qu'on lui doit.
Il est charmé que l'on en boive,
Il est charmant quand il en boit.

COUPLET

Chanté à la suite de la ronde précédente,
le jour de la Saint-Philippe.

~~~~~~

AIR : *Connoissez-vous Marmotte la folle,*
la femme à tretous.

LE jour de Saint-Philippe
Est la fête à tretin treti.
Que chacun participe
A cette fête-ci.
C'est la fête à tretin,
C'est la fête à treti,
Tretin, tretin, tretin.
Treti, treti, tretous.

Le saint qu'on fête ici,
Le patron que voici,
~~~~~~

Différent de saint Pierre,
Loin de pleurer a toujours ri ;
  Sa gaîté familière
  Est celle de Henri,
  Ce grand roi si chéri,
  Dont ce Philippe-ci
  Descend droit comme un I.

COUPLETS

DU JALOUX CORRIGÉ,

OPÉRA BOUFFON.

C'est un abus qui restera,
L'on a passé l'amant aux femmes;
Pauvre époux, en vain tu déclames,
On te sifflera.

Mais si tu restes bouche close,
Comme un galant homme fera,
Et que tu prennes bien la chose,
On te claquera.

Tant que le bon ton durera,
A Paris, sans aucun scrupule,
Pour le plus mince ridicule
On vous sifflera.

Mais, du siècle suivant les traces,
Ayez, autant qu'il vous plaira,
Des vices cachés sous les graces,
    On vous claquera.

Un amant qui ne connoîtra
De plaisir et de bien suprême
Qu'à rendre heureux l'objet qu'il aime,
    On le sifflera.

Mais un homme à bonne fortune,
Qui par fatuité prendra
Vingt femmes sans en aimer une,
    On le claquera.

LE SONGE D'UNE DEMOISELLE
QUI RÊVE TROP.

AIR : *Allons la voir à Saint-Cloud.*

J'AI fait pendant cette nuit
Un rêve qui m'a charmée :
Je recueillois tout le fruit
Et d'aimer et d'être aimée ;
Je voyois Daphnis, mon amant,
Jurer de m'aimer constamment ;
   Mais, hélas ! c'est un songe,
   Et tout songe est un mensonge.

Par mille baisers charmans
Il confirmoit ses promesses.
Quels tendres égaremens !
Que d'ardeur dans ses caresses !
Après ce prélude enchanteur,
Il devint encor plus flatteur ;
   Mais, hélas ! etc.

Je crus alors dans Daphnis
  Voir tous les feux dont je brûle ;
Sous les traits d'un Adonis,
Il paroissoit un Hercule ;
Lui qui n'a jamais passé six,
Me fit l'honneur de passer dix.
     Mais, hélas ! etc.

Dans des momens ravissans
Qui n'étoient pas de durée,
A l'ivresse de mes sens
Onze fois je fus livrée,
Onze fois j'eus réellement
  Ce bien qui me vint en dormant ;
     Et voilà dans mon songe
  Ce qui n'est point un mensonge.

FAUTEVILLE ANGLOIS.

A l'entroit d'un Monsié lipertin Milord,
qui l'est étonnant pour pratiquer la rè-
gle de la multiplication.

~~~~~~~~

Air : *Vous vous coiffez, rapapillotez.*

Il est un Anclois dans Paris
    Qui moi met en colère;
Il fait un monopol' d'Iris,
    Quel tiaple en veut-il faire?

(*En parlant*). Il a touchours de fondation
trois ou quatre ménaches en ville. Eh!
mais que fait-il de tout cela? dites-moi.

Que fait-il de madame Hugo,
Et de Marote et de Gogo?
Concevez-vous son vertigo?
    Mais il est fou, j'espère.
~~~~~~~~

J'entreprends, me dit-il un soir,
    Et la fille et la mère,
Toutes deux je veux les afoir;
    Les deux feront la paire.

(*Parlant*). Et il les eut toutes deux ce soir-là ; et touchours pas moins,

    Que fait-il, etc.

Un chour sur un couvent il fond,
    Et sans tant de mystère,
En quatre nuits il coule à fond
    Le paufre monastère ;

(*Parlant*). Et il s'y rencontra pourtant des novices difficiles à défricher, et touchours pas moins,

    Que fait-il, etc.

A l'opera, les directeurs
    Ein jour le virent faire ;
Il prit tout ein côté des chœurs
    Et sut le satisfaire.

(*Parlant*). Et c'étoit point cin' besogne aisée, il falloit touchours recommencer, et pas moins,

> Que fait il de madame Hugo,
> Et de Marote et de Gogo?
> Concevez-vous son vertigo?
> Mais il est fou, j'espère.

VAUDEVILLE

DU MARIAGE SANS CURÉ,

PARADE.

Air : *C'est la faute du vicaire,*
C'est la faute du curé.

GILLES.

L'on n'use plus à Cythère
De notaire et de curé,
L'Amour n'en a plus affaire,
Et l'usage a consacré
Qu'on se passe de notaire,
Qu'on se passe de curé.

LÉANDRE.

Il n'eût tenu qu'à mon père,
S'il eût été moins madré,
D'épouser jadis ma mère;

11*

Mais tout bien considéré,
Il se passa de notaire,
Il se passa de curé.

ISABELLE.

Pour obtenir de mon père
Un amant idolâtré,
Et tout d'un temps me défaire
D'un chirurgien juré,
J'ai su tromper le notaire
Et me passer du curé.

GILLES.

J'aimois une couturière,
Qui me trouvoit à son gré.
Un beau jour, cette ouvrière
Tomba dessus son degré.
Je me passai du notaire,
Je me passai du curé.

LÉANDRE.

Un soir, une conseillère,
Me voyant un peu paré,

S'évanouit pour me plaire,
Et je fus tout préparé
A me passer du notaire,
A me passer du curé.

ISABELLE.

Un robin ne peut me plaire,
Et je hais un tonsuré;
Aussi suis-je loin de faire
Comme la femme à Dupré,
Qui se vendit au notaire,
Et fit gratis au curé.

CASSANDRE.

J'eusse épousé sans mystère,
De mon temps, madame André;
Mais, André vivant, que faire?
Il fallut, bon gré, malgré,
N'en point parler au notaire,
Et n'en rien dire au curé.

VAUDEVILLE DE RAZIBUS,

PARADE.

AIR : *Agnès qu'auparavant.*

GILLES.

IGNA, dans ces climats,
Plus que chez les Calmuques,
De beaux Messieurs t'unuques,
  Qui n's'en vantent pas ;
Ceux dont le poil est ras,
Ceux-là qui sont trop gras,
    Les gens qui n'mettent
  Rien que leux rabats,
Marguilliers, avocats,
Colonels, magistra's,
Le sont s'ils me l'permettent,
  Mais notte clergé ne l'est pas.

(*En parlant*) « Mesdames, »
Qu'on ne vous trompe plus
Par l'apparence des vertus,

J'ai vu quelques gens barbus,
        fourbus,
Et semblables à Razibus.

        Mais parguenne, et pourquoi
Vais-je vous dire cela, moi?
    Chacun est ici, ma foi,
            Pour soi.
Mon plaisir est ma seule loi.

        Pour mon bien je voudrois
        Que tous nos beaux François,
        D'vinssent d's unuqu's infâmes,
Excepté moi, z'et deux ou trois;
    Alors j'espérerois,
Je croirois, oh! oui j'aurois
A moi seul toutes les femmes:
        J'sais ben c' qu' j'en ferois.

AIR : *C'est là ce qui m'étonne.*

ISABELLE.

Qu'on nous dise qu'une veuve fait cas
Des preuves d'amour les plus fortes,
Et sans nombre et de toutes sortes,
Cela ne me surprend pas.
Mais qu'on dise que moi, jeune personne
Qui m'unis par le saquerment,
Cherche auter chose en mon amant
Que les plaisirs du sentiment,
C'est là ce qui m'étonne.

AIR : *De la différence et de la ressemblance.*

GILLES.

L's unuqu's et les chapons
Sont gros et gras, blancs et blonds,
Voilà la ressemblance :
L'unuque est bon à garder,
Le chapon bon à manger,
Voilà la différence.

AIR: *Vous m'entendez bien.*

LÉANDRE.

DANS peu je serai triomphant,
L'on verra que j'ai fait si' enfant,
Quand sur son baptistère...

GILLES.
Eh bien !

LÉANDRE.
J'serai nommé son père
Ça n' prouve t-il rien ?

GILLES.
Ce raisonnement est fort beau ;
Mais croyez ça z'et buvez d' l'eau ,
Si vous êtes son père...

LÉANDRE.
Eh bien !

GILLES.
J'ai fort connu sa mère ,
Vous m'entendez bien.

AIR : *Que de gentilles pélerines.*

CASSANDRE.

ALLONS ! mon gendre, en mariage
Vous aurez (tout me le présage)
Une femme qui sera sage ;
Je vous réponds de sa bonté,
     De sa santé ,
     De son ménage…

GILLES.

Et moi de sa fécondité.

VAUDEVILLE
D'UN GILLES NIAIS.

~~~~~~~

AIR : *Vivent les gueux.*

Sɪ j'savois tromper les mères
  Et les Argus,
Si j'savois d'tous mes compères,
  Fair' des cocus,
Diroit-on encor que j'fais
  Gilles le niais ?

Si j'avois vieille comtesse
  Pour me payer,
Si j'avois ma jeune hôtesse
  Pour m'égayer,
Diroit-on, etc.

Si j'savois certains préludes
  Qui font plaisir,
~~~~~~~

Si j'donnois des attitudes
    Qu'on pût choisir,
Diroit-on, etc.

Si j'savois, pour m's'habitudes,
    Être discret,
Si j'savois jouir des prudes
    En grand secret,
Diroit-on, etc.

Si j'savois charmer les femmes
    Par mes exploits,
Si j'savois compter mes dames
    Par mes dix doigts,
Me traiteroient-ell' après
    D'Gilles le niais ?

———

VAUDEVILLE D'ISABELLE,

GROSSE PAR VERTU.

AIR : *De la fanfare de Choisi.*

GILLES.

Qu'une honnêt' fill' fasse un enfant
Sans savoir pourquoi ni comment,
Qu'elle n'ait pas d' raison pour ça,
Tout le monde la blâmera ;
 Mais il n'est pas défendu
 D'être grosse par vertu.

ISABELLE.

Quand z'un père, ou bien z'un tuteur,
Vous propose queuqu' vieux docteur,
C'est dans ce cas-là que l'on fait
Semblant d'être grosse, ou l'on l'est :
 Par là le mariage est rompu ;
 C'est z'être gross' par vertu.

LÉANDRE.

Quand z'un' fille qu'a queuqu' bien,
Aime son amant qui n'a rien,
Elle doit généreusement
Se laisser faire un p'tit enfant :
　　Par là le mariage est conclu,
　　C'est z'être gross' par vertu.

GILLES.

Un' fille ne peut, quand ell' dort,
Empêcher qu'on n'lui fasse tort ;
Quand par l'canal de son amant
Le bien lui z'arrive en dormant,
　　La v'la, sans qu'ell' l'ait voulu,
　　Grosse avec tout' sa vertu.

ISABELLE.

Un homm' nous viole l'honneur ;
Mais si l'on a de la douceur,
Si l'on n'est pas hurluberlu,
C'est qu'la douceur est un' vertu ;
　　Et pisqu'c'est une vertu,
　　L'on est donc gross' par vertu.

TROIS COUPLETS DÉTACHÉS,

Annoncés par une annonce de parade.

Allons donc, messieurs les gagistes, faites donc votre devoir : allumez la cloche pour habiller les acteurs, sonnez les lampes, faites entrer les chandelles dans les petites loges des acteurs, mouchez les filles sans les éteindre. Pour amuser avant qu'on commence, je vais chanter à la compagnie trois couplets longs comme mon bras.

AIR : *Du Vaudeville du Jaloux corrigé.*

En France un acteur d'opéra
Dans sa voix a peu d'étendue;
S'il fait une longue tenue,
   Il s'essoufflera,
   Il vous ratera
En plein son A, mi, la,
Et vous laissera là;
Mais un castrat a la science
De plaire aux femmes en cela,
Qu'en allongeant une cadence,

12*

Il vous restera
Une heure au moins là;
Il y demeurera
Tant qu'on s'en pâmera.

Un langoureux qui poussera,
Dans son langage romanesque,
Les beaux sentimens près du sesque,
L'on s'en moquera,
L'on s'en fichera,
Et l'on vous l'enverra
Fair' sucre, *et cœtera;*
Mais l'amant qui, sans autre ruse,
Au besoin vous violera
Une femme qui le refuse,
L'on s'en fâchera;
Puis l'on en rira,
Bis, bis, on lui dira;
Il recommencera.

Tant que le bon ton durera,
Les honnêtes femmes paillardes
S'en tiendront aux soldats aux gardes;
On les payera,

L'on s'en vantera,
L'on s'les disputera,
L'on s'les enlevera :
Mais si jamais le bon temps passe,
Aux cordeliers l'on en r'viendra,
Les carmes rentreront en grâce ;
On les reprendra,
On les périra,
On les exténûra,
On les abîmera.

~~~~~~~

Couplet détaché sur le même air.

QUAND un con se présentera
Devant des bourgeois de Sodôme,
Loin qu'on l'accueille, il verra
Comme
On le sifflera.　　(*ter*).
Mais devant cette troupe immonde
Sitôt qu'un beau cu paroîtra,
En parcourant sa croupe ronde
On le claquera.　　(*ter*).
~~~~~~~

VAUDEVILLE

DES ADIEUX DE LA PARADE.

Vous ne savez point aimer,
Julien, je veux vous former.—
Je le veux bien, ma bergère :
Malgré ma tête légère,
Je suis fort obéissant
Lorsque l'on me laisse faire. —

   (*Parlé.*) « Mais arrêtez donc,
    » arrêtez donc. »
Mais cela n'est pas décent.

En vous rangeant sous ma loi,
Je veux qu'on ait avec moi
Du respect et point d'audace.—
Moi ! le respect m'embarrasse,
Dit Julien en l'embrassant.
J'aime, je le dis, j'embrasse. —

(*Parlé.*) « Eh ! mais attendez donc ,
» attendez donc. »
Mais cela n'est pas décent.

Julien n'attaquoit pas mal ,
Et d'un combat inégal
La bergère enfin se lasse ;
Elle se rend avec grâce ,
Le regarde en rougissant ,
Et dit encore à voix basse :
Mais cela n'est pas décent.

Après avoir à ses lois
Manqué de respect deux fois ,
Il n'en dit pas davantage ;
La bergère l'encourage
Et lui dit en l'agaçant :
Votre silence m'outrage ,
Mais cela n'est pas décent.

RONDE.

AIR : *Chantons Lœtamini ; ou Ça ne durera pas toujours.*

Sur toute la nature
L'on voit régner l'Amour,
Est-il de créature
Qui n'aime pas un jour ?
Du Grand-Caire à Moscou,
De Stockholm au Pérou,
Dans la France et partout,
Tout mortel aime et boit.

L'hermite en sa cabane,
Dans son temple un Iman,
Un chanoine en soutane,
Un Turc en doliman.
Du Grand-Caire, etc.

Par un nœud légitime
Les uns vont à cela ;
D'autres prennent la dîme
Des épouses qu'on a.
Du Grand-Caire, etc.

Nos Dieux dans le bel âge,
Sont l'Amour et les Ris ;
Mais le seul cocuage
Est le dieu des maris.
Du Grand-Caire, etc.

Tyran ou bien esclave,
Rien n'en sauve un époux ;
Qu'il soit ou lâche ou brave,
Ce dieu combat pour nous.
Du Grand-Caire, etc.

Mais l'on joint aux délices
De faire des cocus,
La fleur et les prémices
Des cœurs qu'on n'a point eus.
Du Grand-Caire, etc.

VAUDEVILLE

DES VENDANGES DE LA FOLIE.

CHANTONS le dieu de la vendange,
Que sous ses lois l'amant se range,
Puisque le plus souvent Vénus
Doit ses conquêtes à Bacchus.
    On rend la vie aimable,
    En passant tour à tour
    Des plaisirs de la table
    Aux plaisirs de l'amour.

Un peu de vin rend plus jolie,
Le vin donne de la saillie,
Le vin fait dire de bons mots
Et tenir de galans propos.
    On rend, etc.

Le vin rend l'amant intrépide,
Il rend l'amante moins timide,

A l'un il fait tout hasarder,
A l'autre il fait tout accorder.
      On rend la vie, etc.

Entre deux ou quatre convives,
Le vin rend les scènes plus vives ;
Un petit souper libertin
Vaut cent fois mieux qu'un grand festin.
      On rend la vie, etc.

Le vin dans le sommeil vous plonge,
Ce sommeil vous fait naître un songe,
Qui vous revient pendant le jour,
Et qui fait naître enfin l'amour.
      On rend la vie aimable,
      En passant tour à tour
      Des plaisirs de la table
      Aux plaisirs de l'amour.

COUPLET.

AIR : *Du vaudeville du Jaloux corrigé.*

Ne te conduis pas par autrui :
Si ce siècle pédant se choque
D'une ordure ou d'une équivoque,
N'importe, poursui.
C'est tant pis pour lui,
S'il veut mettre aujourd'hui
Là vertu dans l'ennui.
Qu'on exige moins de décence
Dans les propos que l'on tiendra ;
Mais dans les mœurs plus d'innocence
Plus l'on en dira,
Moins l'on en fera ;
La vertu renaî ra,
La gaîté reviendra.

COMPLAINTE

D'UNE SŒUR CONVERSE,

Sur son Amour pour un Bedeau.

AIR : *Si le danger vous étonne.*

Il faut qu'aux échos je dise
  L'état de mon cœur.
J'ai pour un homme d'église
  La plus vive ardeur ;
Quelle ardeur ! ah ! quelle ardeur ! (1)

Oui, c'est un bedeau que j'aime ;
  Mais il est si beau,

(1) Tous les refrains qui sont en italique, doivent être déclamés avec expression, et non chantés.

Qu'on croit que c'est l'Amour même
Qui s'est fait bedeau.
Ah ! quel bedeau ! quel superbe bedeau !

Son air languissant me touche ;
Voit-on rien de mieux
Que sa bouche ? quelle bouche !
Que ses yeux ? quels yeux !
Ah ! ah ! quelle bouche ! ah ! quelle bouche !

Noblement fait, l'air ingambe,
Les pieds bien tournés ;
Quels beaux cheveux ! quelle jambe !
Quel beau nez ! quel nez !
Ah ! quel nez ! quel magnifique nez !

Par sa beauté qui m'enlève,
D'abord il me prit ;
Et maintenant il m'achève,
Par son bel esprit.
Ah ! quel esprit ! quel esprit spirituel !

Pourquoi ne puis-je prétendre
Qu'il soit mon amant ?

Son cœur est si droit , si tendre !
C'est tout sentiment.
Ah ! ah ! c'est tout sentiment! ah! c'est
tout sentiment !

Mais étouffons notre flamme ;
Ce bedeau charmant
Vit avec une autre femme
Dans le sacrement.
Ah ! ah ! quel sacrement ! ah! quel
sacrement !

Pourquoi cacher mon martyre ?
Pourquoi m'être tu
Pour le seul plaisir de dire :
J'ai de la vertu ?
Ah! quelle vertu ! quelle insupportable
vertu ! quelle chienne de vertu !

13

LE CALCUL.

PARODIE.

AIR : *Toujours seule, disoit Nina.*

LES raisons que les étourdis
Contoient jadis aux femmes,
Montoient au moins à neuf ou dix,
Souvent à plus, mesdames.
Ces beaux complimens d'autrefois,
Aujourd'hui sont réduits à trois,
A deux, à un.
Je sais quelqu'un
Qui rend encor ce calcul
Nul.

LA COMMÈRE CAMBROUSE.

A i r : *De Joconde.*

Quels beaux cheveux ! quels beaux
[sourcils !
Ma commère Cambrouse.
Combien je l'aime, ce Tircis,
Quoiqu'il soit de Toulouse !
C'est le moindre de mes soucis,
Lui réplique Cambrouse ;
Aimez, tant qu'il vous plaît, Tircis ;
Moi, j'aime mieux Tirdouze.

VAUDEVILLE

DE LEANDRE, ÉTALON.

~~~~~~~~

AIR: *J'en f'rai la folie,*
ma mie,
J'en f'rai la folie.

GILLES.

Dans nos haras, en Turquie,
Femme un peu jolie
Peut, au gré de son envie,
Se voir bien servie,
L'être par onze ou douze étalons,
Grands, gros, gras, beaux, blancs, noir
[ou blonds

Jarni ! quelle vie,
Ma mie !
Jarni ! quelle vie !
~~~~~~~~

ISABELLE.

Un jour ne paroît qu'une heure,
Dans cette demeure;
Dans un sérail, sainte Ampoule!
Comme le temps coule !
Trouve-t-on jamais les jours trop longs
Auprès de tendres étalons ?
Jarni ! etc.

LÉANDRE.

Pour être étalon passable,
Faut être impayable,
Infatigable, incroyable,
Il faut être un diable.
Jarni ! que les jours paroissent longs,
Même au plus fier des étalons.
Queu chienne de vie,
Ma mie!
Queu chienne de vie !

CASSANDRE.

Mesdames, quoi qu'on en dise,
Je vois sans surprise

Qu'on donne au temps du bel âge
Dans l'étalonnage.
Mais pour Cassandre ou pour Pantalon,
Le sot métier d'être étalon !
Queu chienne de vie,
Ma mie !
Queu chienne de vie !

LE TON

DE LA BONNE COMPAGNIE.

VAUDEVILLE.

AIR : *En vérité, sévère Margoton.*

Un homme de votre condition,
Le prendre sur un aussi mauvais ton !
Vous allez droit à la conclusion ... —
Madame, ma façon est toute unie ; —
    Mais, baron,
    Comment donc !
    Sur quel ton ? —
C'est le ton, le bon ton,
Le ton de la bonne compagnie.

Consultez-vous l'honneur et la raison
Quand vous appelez cela le bon ton ? ... —
Eh bien ! l'honneur ! on n'entend que ce nom,
Ce n'est qu'un mot fait pour la bourgeoisie, —

Mais, baron,
Comment donc !
Sur quel ton ? —
C'est le ton, le bon ton,
Le ton de la bonne compagnie.

Se défendre aussi long-temps, vous dit-on,
Est bien bourgeois, est bien du mauvais ton.
Epargnez nous la petite façon,
Et que ce soit une affaire finie. —
Mais, etc.

Monsieur... je sens... que vous avez raison..
Je ne veux pas être du mauvais ton. —
Madame, hélas !... il me prend un frisson. —
Ah ! ciel ! tombez-vous en paralysie ?....
Mais, baron,
Qu'est-ce donc ? —
Ah ! pardon !
C'est le ton, le bon ton,
Le ton de la bonne compagnie.

Rit-on, boit-on, s'aime-t-on, se voit-on :
Tout cela doit être sur le bon ton.

L'on n'a plus à présent que ce dicton.
Du bourgeois même c'est là la manie.

Comment donc !
Vous dit-on,
C'est le ton,
Le grand ton,
Le ton de la bonne compagnie.

PARODIE.

De l'Air : *La beauté la plus sévère.*

LA Beauté la plus sévère
Est conduite au Pont-tournant
Par l'amant qui persévère,
Et qui prend bien son tournant;
Il est vrai qu'un souper coûte
Et que le Suisse est bien cher,
Mais qu'importe, si l'on goûte
Le doux plaisir de la chair ?
Qu'importe, pourvu qu'on foute ?
Cela vous paroît-il clair ?

AIR : *La trop innocente Colette.*

JEAN (c'est comme on nomme mon homme)
Est un Jean.... écoute s'il pleut.
Son père le fit Gen.... tilhomme ;
La nature Jean.... qui ne peut ,
Sa valeur un Jean.... qu'on assomme ,
Un Jean.... de Nivelle , un vrai Jean ;
Moi, cher amant, vous savez comme
Avec vous, encore hier, j'en
      J'en fis un Jean ,
      J'en fis un Jean.

AURA deux couilles qui voudra ,
Je ne prétends gêner personne.
Moi, je n'en ai qu'une, elle est bonne:
L'autre viendra quand Dieu voudra.
N'ayant que cette couille-là ,
Ma tante, la religieuse,
Devant le monde en plaisantoit ,

Disant d'un air de précieuse,
Qu'avec une couille on étoit
Incapable de jamais faire
Des enfans dont on fût le père ;
Et ce propos se répétant,
Non pas une fois, mais cinquante,
A la fin voyant que ma tante
En etoit impatientante,
Je fis un enfant à ma tante,
Et par là, d'un seul coup, je fis
Mon cousin germain et mon fils.

Collé a fait beaucoup d'amphigouris. Pendant long-temps il ne se crut pas capable d'autre chose. Il a fini par se dégoûter de ce genre méprisable, comme il l'appelle lui-même; et dans son Théâtre de Société, il n'a fait imprimer le petit couplet amphigourique qu'on a vu page 103 de ce volume, qu'à cause de la petite anecdote à laquelle il a donné lieu. Nous devrions peut-être imiter sur ce point la réserve de Collé; cependant nous avons cru qu'on verroit sans peine à la fin de ce Recueil quatre de ses meilleurs amphigouris. La richesse bizarre des rimes, l'association étrange des noms, des mots, et, si on l'ose dire, des idées; enfin un

14*

certain air de sens et de liaison qu'on croit voir à travers les choses les plus folles et les plus décousues : tout cela pourra expliquer le goût qu'on a eu long-temps pour les amphigouris, et nous faire pardonner d'en avoir inséré ici quelques-uns.

AMPHIGOURI.

*Parodie du Menuet d'Hippolyte et
d'Aricie.*

~~~~~~~~~

Le prophète Habacuc
Lit un logogriphe
Qui fait tomber Caïphe
Du mal caduc ;
Ce grand-prêtre, en fureur,
Se plaint à l'empereur
De la licence
D'un distillateur,
Grand gesticulateur,
Hardi fornicateur,
Et dont l'incontinence
S'attaque à l'honneur
De ma sœur.

Saint Côme et saint Damien
Sont chéris de tout bon chrétien ;
~~~~~~~~~

Le trésorier vénérien
N'a rien
Qui ne soit tien,
Comme il est mien.

Embrasse le visir,
Il te donnera du plaisir :
Sinon soit prêt à mourir
Martyr,
Un bacha te fera rôtir.

Dût
Le grand Belzébuth
Me donner le scorbut,
Je lève à force ouverte,
Sur les enfers, un tribut ;
Si j'atteins à mon but,
Judas fera son salut,
Et le jeune Mélicerte
Joûra du luth.
Saint Côme, etc.

PARODIE.

De l'Air : *Je cassai ma cruche, hélas !*

Ino
Met le domino
De saint Bruno;
Et, par un quiproquo,
Dans Tabacco
Fait revenir Io
D'un livre *in-folio*,
Qui fait faire à Clio
Dodo.

Tandis
Qu'on traîne, à Cadix,
Le beau Tircis,
Pour être circoncis,
Deux étourdis

Chantent, dans leur taudis,
De profundis
Pour l'ame d'Amadis.

Goliath

Est apostat,
Et veut rendre hommage au saint-siége.
Le légat
Au renégat
Vole un almanach de Liége.
Dans un piège
Ce scélérat
Prend un rat
A *Magnificat ;*
Et Lucifer, au sabbat,
Perd son rabat.
Ino, etc.

Brutus,
Titus,
Antiochus,
Malchus,
Sont cocus :
En sont-ils convaincus ?

Ma foi,
Mon roi,
Je croi
Que ces messieurs, comme toi,
Sont dans la bonne foi.
Brutus, etc.

Bayle confondit,
Quand il prétendit
Qu'Holopherne dit
Qu'il baisa Judith.
Le roi Josaphat
Ne fut pas moins fat
Quand il ajusta
Vesta.
Ce joli cœur
S'écrie : Eh quoi ! la dernière faveur
N'est plus un vol !
On m'ôte le plaisir du viol !
Bayle, etc.

Air : *Du Menuet anglois.*

Sifflez le mouphti,
Fi !
Fessez le sophi,
Fi !
Tous deux, sans perruque,
Montent à cheval
Mal.

Qu'importe, dit Nabal,
Si, dans l'Escurial,
Un official
Rend l'un et l'autre eunuque ?
Tandis que, dans Evreux,
Un bombardier hébreux
Guérit un lépreux
Amoureux
De deux yeux
Bleus.

Au Monomotapa,
    Papa,
Vénus prêche, en plein vent,
    L'avent :
Mais à l'*Ave Maria*,
    Priape, *à quia*,
Vend du ratafia.

Chacun boit, et Salomon
Fait apporter un saumon ;
Mais, à la fin du sermon,
L'on voit sortir Cicéron
    D'un tronc.

———

AIR : *Rien, père Cyprien.*

CHUT,
C'est en C, sol, ut,
Qu'est mon début;
Tu le prends, l'ami,
En E, si, mi.
Jadis Mustapha
M'apostropha
En F, ut, fa;
Mais ma voix triompha.
Fi !
C'est mal au sophi,
Ce gros bouffi,
De dire en bémol,
A l'Espagnol,
Que le rossignol
Du Grand-Mogol
Fait, à Bristol,
Aller saint Paul
En G, re, sol.

Quand
On blâmoit Orcan
Du goût Toscan,
L'abbé de Fécamp,
A Manicamp,
Sur son lit de camp
Cherchoit Racan;
Mais les Laïs
De ce pays
Chiffonnèrent les plis
De son surplis
Dans un bois taillis,
Malgré les baillis
De la Cappadoce,
Lorsque Catilina
Leur vint chanter *Salve, regina;*
Ce qui fit qu'on détonna.
Chut, etc.

Aux pieds du mont Ethna,
Gustave-Adolphe déjeûna
Avec Dalila,
Qui, pour son plaisir, logeoit là

Et Quesnel donna
Du quinquina
A Molina,
Au bout d'une crosse ;
Mais le jésuite, dans ces lieux,
Leur reprocha que leurs aïeux,
Ainsi qu'eux
Et leurs neveux,
Seroient tous luxurieux.
Chut, etc.

TABLE
DU SECOND VOLUME.

Les belles Manières et la bonne Façon. Vaudeville Moral.   Pag.   1

Sentences, Pointes, Dictons et Apozèmes de M. Gilles. Vaudeville de Parade.   4

Vaudeville de *Joconde*.   7

Vaudeville de l'*Accouchement invisible*. Parade.   10

Vaudeville de *Nicaise*, comédie.   12

Parodie d'un air d'Opéra.   14

Conseils Ironiques, aux Chansonniers d'à présent, sur les mœurs du temps.   15

Couplets sur la Prise du Port-Mahon.   19

Chanson.   22

Parodie d'un récitatif ou air de mouvement d'*Hippolyte et Aricie*, etc.   23

15*

Les Voyageurs des Pays-Bas. 24

Les Revenans, vaudeville composé par un Revenant. 27

Clarisse, manière de Romance en manière d'Ironie. 30

Vaudeville par M. *Saurin*, adressé à *Collé*. 34

Réponse de M. *Collé*, au vaudeville de M. *Saurin*. 38

La Petite Obstinée. Vaudeville nouv. 42

Couplet chanté par un Acteur de Société, à ses Spectateurs. 44

Branle à Danser. 45

Le Triomphe des Sens, Dialogue entre une Veuve et un jeune Magistrat. 48

La Peureuse. 56

Parodie d'un air de Rameau. 58

La Princesse. Chanson à l'usage de la Cour. 60

Le Goût du Jour. Vaudeville. 62

La Manière fait tout. Vaudeville. 64

La Difficulté Vaincue. 66

TABLE. 175

Le Soliloque de la femme à Pierre Le-
roux. Vaudeville nouveau. 68
Romance Espagnole. 71
Couplet du fameux comte de Bussy-
Rabutin, un peu retouché par *Collé*. 72
Les Accidens. Vaudeville. 73
Couplets détachés. 75
La Surprise Nocturne. 76
La Dame Appaisée. Vaudeville. 78
La Sensibilité Physique, chanson très-
philosophique, etc. 80
Mauvaise Plaisanterie sur le quartier
du Marais. Vaudeville. 86
Vaudeville de *Léandre grosse*. 89
Complainte d'une Femme à Sentimens.
Romance. 91
L'Attente. Vaudeville. 93
L'Espérance. Vaudeville. 95
La Grande Parleuse. Branle à danser. 97
Le Péché de Paresse. Vaudeville. 99
Vaudeville chanté dans une fête, par
un Gilles, etc. 101

Amphigouri. 103

Vaudeville ancien. 104

Les Bizarreries de l'Amour. Vaudev. 106

Vaudeville nouveau. 109

Chanson à une Dame, dont le nom de société étoit *Mignon*, etc. 111

Ronde de Table de feu Panard, etc. 114

Couplet chanté à la suite de la Ronde précédente, le jour de la Saint-Philippe. 116

Couplets du *Jaloux Corrigé*, Opéra bouffon. 118

Le Songe d'une Demoiselle qui rêve trop. 120

Fauteville Anclois. etc. 122

Vaudeville du *Mariage sans Curé.* Parade. 125

Vaudeville de *Razibus.* Parade. 128

Vaudeville d'un Gilles niais. 133

Vaudeville d'*Isabelle*, grosse par vertu. 135

Trois couplets détachés, annoncés par

une annonce de Parade. 137
Vaudeville des *Adieux de la Parade.* 140
Ronde. 142
Vaudeville des *Vendanges de la Folie.* 144
Couplets. 146
Complainte d'une Sœur Converse, sur son amour pour an Bedeau. 147
Le Calcul. Parodie. 150
La Commère Cambrouse. 151
Vaudeville de *Léandre, étalon.* 152
Le Ton de la Bonne Compagnie. Vaudeville. 155
Parodie de l'Air : *La beauté la plus sévère.* 158
Amphigouri. Parodie du Menuet *Hippolyte et Aricie.* 163
Parodie de l'Air : *Je cassai ma cruche, hélas !* 165
Parodie du Menuet Anglais. 168
Parodie de l'Air : *Père Cyprien.* 170

Fin de la Table.